Teoria e Prática

Justiça Restaurativa na Educação

Série Da Reflexão à Ação

Katherine Evans e
Dorothy Vaandering

Justiça Restaurativa na Educação

Promover Responsabilidade, Cura e Esperança nas Escolas

Tradução de:
Tônia Van Acker

Palas Athena

Título original: The Little Book of Restorative Justice in Education –
Fostering Responsibility, Healing, and Hope in Schools
Copyright © 2016

Grafia segundo o Acordo Ortográfico da Língua Portuguesa de 1990,
que entrou em vigor no Brasil em 2009.

Coordenação editorial: Lia Diskin
Projeto gráfico: Vera Rosenthal
Capa: Jonas Gonçalves
Produção e Diagramação: Tony Rodrigues
Preparação de originais: Lidia La Marck
Revisão: Rejane Moura

**Dados Internacionais de Catalogação na Publicação (CIP)
(Câmara Brasileira do Livro, SP, Brasil)**

Evans, Katherine
    Justiça restaurativa na educação : promover responsabilidade, cura e esperança nas escolas / Katherine Evans e Dorothy Vaandering ; tradução de Tônia Van Acker. – São Paulo: Palas Athena, 2018. – (Série Da reflexão à ação)

Título original: The little book of restorative justice in education: fostering responsibility, healing, and hope in schools

ISBN 978-85-60804-36-8

1. Ambientes de aprendizagem 2. Administração de conflitos 3. Disciplina escolar 4. Educação 5. Justiça restaurativa I. Vaandering, Dorothy. II. Título. III. Série.

18-18521   CDD-370

Índices para catálogo sistemático:
1. Justica restaurativa : Educação 370

2ª edição, fevereiro de 2024

Todos os direitos reservados e protegidos
pela Lei 9610 de 19 de fevereiro de 1998.

É proibida a reprodução total ou parcial, por quaisquer meios,
sem a autorização prévia, por escrito, da Editora.

Direitos adquiridos para a língua portuguesa por Palas Athena Editora
Alameda Lorena, 355 – Jardim Paulista
01424-001– São Paulo, SP – Brasil
Fone (11) 3050-6188
www.palasathena.org.br
editora@palasathena.org.br

Agradecimentos

O conteúdo deste livro não é propriamente de nossa autoria. Muitos ajudaram a compor nossa compreensão e prática da justiça restaurativa na educação, possibilitando assim que esta obra fosse escrita.

Em especial, devemos gratidão à humildade e graça dos povos indígenas de toda a América do Norte, que mantiveram viva a maravilhosa tradição do diálogo circular ao longo de gerações, mesmo sob a ameaça de genocídio.

Temos confiança de que este livro homenageia os mestres e as tradições indígenas, abrindo ainda mais nosso espírito – o dos conquistadores canadenses e norte-americanos – para assimilarmos com maior plenitude sua sabedoria, oferecida de modo tão generoso.

Conteúdo

Prefácio 5

PARTE 1 – PREPARANDO-SE PARA CRESCER DE MODO SUSTENTÁVEL

1. O MODO COMO FAZEMOS AS COISAS POR AQUI 11
   O propósito deste livro 12
   O que é JRE? 14
      Definições 15
      JRE: O modo como fazemos as coisas por aqui 16
      Por que a JRE é diferente da educação tradicional? 19
   Resumo 20

2. BREVE HISTÓRICO DA JUSTIÇA RESTAURATIVA NA EDUCAÇÃO 21
   Fundamentos de justiça restaurativa da JRE 22
   Expansão para o campo da Educação 23
   Columbine, Taber e a era da tolerância zero 26
   Da tolerância zero à justiça restaurativa 27
   Mudanças recentes na JRE 28
   Resumo 31

3. **Crenças e Valores na JRE**..................33
   Os óculos que moldam nossa visão de mundo............34
   Que lentes estamos usando?........................36
   Óculos novos......................................38
   Como colocar esses óculos?........................40
      Estou legitimando?.............................41
      Estou medindo?.................................41
      Que mensagem estou passando?...................42
   Vivendo com os óculos da JRE......................42
   Resumo..43

PARTE 2: EXAMINANDO OS COMPONENTES DA JUSTIÇA RESTAURATIVA NA EDUCAÇÃO

4. **Criando ambientes de aprendizado justos e equitativos**..................49
   Definição de justiça e equidade...................50
      Justiça..51
      Equidade.......................................54
   Como a JRE trata as questões de justiça e equidade....56
      Promover relacionamentos justos e equitativos...57
      Cuidar das necessidades subjacentes.............58
      Tratar das injustiças explicitamente............60
   Medidas concretas para criar ambientes de aprendizado justos e equitativos..................62
      Pedagogia culturalmente inclusiva...............62
      Plena participação de todos os membros da comunidade......................................64
   Resumo..65

5. Nutrindo relacionamentos saudáveis 67
O desafio do contexto atual 69
   Identificar relacionamentos de qualidade 69
   Aplicar a Matriz de Relacionamento 72
Como a JRE vê e apoia relacionamentos saudáveis
na educação 75
Medidas concretas para cultivar relacionamentos
saudáveis 80
   Círculos de Conversa 81
   Aprender a escutar e a perguntar 83
Resumo 86

6. Reparando danos e transformando conflitos 87
Definição de dano e de conflito 89
   Um pouco sobre disciplina escolar e comportamento
   estudantil 90
   Compreender o dano 91
   Compreender o conflito 95
Como a JRE trata o dano e o conflito 97
   Cuidar das necessidades de todos os envolvidos 98
   Corrigir os males 99
   Criar mecanismos de apoio para promover
   responsabilidade 99
   Transformando conflitos 101
   Tratando de justiça e equidade 103
Passos concretos para reparar danos e
transformar conflitos 105
   Criar sistemas e estruturas para tratar de danos
   e conflitos 105
   Repensar sistemas disciplinares na escola 106
   Preparar facilitadores para tratar de danos graves .. 107
Resumo 108

PARTE 3 – CRESCIMENTO SUSTENTÁVEL

**7. A HISTÓRIA DE DUAS ESCOLAS:
REFLEXÕES SOBRE SUSTENTABILIDADE** 111

Recursos 119
Notas 125
Sobre as autoras 135

Prefácio

A justiça restaurativa (JR), do modo como formulada no contexto ocidental, vem ganhando influência em várias áreas. Por exemplo, comunidades estão usando os princípios da JR para construir interações saudáveis entre vizinhos. Processos judiciais para a infância e juventude, bem como para adultos, incorporaram a JR como caminho paralelo ou alternativo de reparação. Penitenciárias deram início a programas de reintegração com base nos princípios da JR a fim de oferecer apoio aos egressos da prisão.

A JR também vem lançando raízes na área da Educação. Desde os anos 1990 professores têm conduzido processos circulares para fortalecer a comunidade da sala de aula e da escola; têm criado programas de acolhida para alunos suspensos ou expulsos; têm usado os princípios e práticas da JR para responder a comportamentos desafiadores e danosos. O crescimento da JR em ambientes pedagógicos é resultado do esforço de muitos educadores que trabalharam diligentemente para implementar esses princípios e práticas na rotina escolar. Vários livros deram apoio e incentivo ao desenvolvimento nesse campo, inclusive dois desta mesma coleção: *Processos Circulares*, de Kay Pranis (2005), e *Disciplina Restaurativa para Escolas*, de Lorraine Stutzman Amstutz e Judy H. Mullet

(2005). Desde a publicação destes livros, seu conteúdo foi confirmado por inúmeras experiências, reflexões e pesquisas. Surgiram também novos *insights* a esse respeito.

Talvez o mais importante deles, algo que percebemos ao longo dos anos, é que a implementação da justiça restaurativa nos ambientes escolares é fundamentalmente algo que fortalece a cultura relacional de interconexões na escola. Embora as primeiras iniciativas de JR reconhecessem a importância da saúde do ambiente escolar como um todo, seu foco principal era na disciplina e no comportamento individual. Hoje ficou claro que não é possível tratar eficazmente a questão da disciplina e dos comportamentos danosos separadamente do contexto de interconexão da comunidade escolar, ou mantendo a estrutura de poder hierárquico comum nas escolas.

Para aprofundar nossa compreensão sobre a natureza da justiça restaurativa na educação (JRE), uma estrutura teórica mais sólida vem sendo desenvolvida. Até o momento, a justiça restaurativa era basicamente um movimento social que tinha como motor de crescimento a prática, mais do que a teoria. Isso permitiu o desenvolvimento de práticas sofisticadas, mas, à medida que a JRE amadurece, uma base teórica claramente articulada se faz necessária para que as práticas da JR sejam eficazes e sustentáveis. Por exemplo, sem uma teoria bem estruturada, é difícil descobrir por que algumas escolas conseguiram desenvolver e sustentar suas práticas ao passo que outras não. É preciso um fundamento teórico consistente para a JRE, caso contrário não se consegue oferecer apoio aos educadores que continuam na busca de abordagens para construir comunidades saudáveis à luz de tendências contemporâneas:

a) Crescente rejeição de políticas disciplinares de exclusão e tolerância zero, que visivelmente perpetuam a apatia, a desproporcionalidade[1] e a linha direta escola-prisão.
b) Pesquisas recentes que identificam a justiça restaurativa na educação como um recurso de grande potencial para as escolas.[2]

Por fim, uma estrutura teórica consistente ajudará a evitar que as práticas de justiça restaurativa sejam mal compreendidas, diluídas ou aplicadas de modo equivocado, criando assim mais males do que benefícios.

Em resumo, a JRE, tal como apresentada aqui, explora a frase "justiça restaurativa na educação" e passa a identificar três conceitos interconectados e igualmente importantes:

- **Criar ambientes de aprendizado justos e equitativos;**
- **Nutrir relacionamentos saudáveis;**
- **Reparar danos e transformar conflitos.**

Utilizaremos histórias, exemplos e exercícios breves para demonstrar de que modo tais conceitos podem ser praticados.

Como uma bússola cuja agulha aponta na direção de nosso destino, a teoria guia nossa prática.[3] É necessário estabelecer um ponto de referência para o qual os profissionais possam se voltar quando os desafios diários da escola surgirem, pois só assim se garante clareza e coerência. Sem essa referência clara, é muito grande a tentação de voltar às abordagens baseadas em punição ou premiação, das quais os sistemas educacionais têm se valido sem grande sucesso.

A presente obra serve como a agulha daquela bússola. Com base na sabedoria dos primeiros proponentes da justiça restaurativa, na experiência diária de educadores e na nossa longa experiência pessoal em sala de aula como professoras e pesquisadoras, criamos um guia que, esperamos, possa apontar na direção do crescimento da JRE e servir de apoio a ela no futuro.

PARTE 1

PREPARANDO-SE PARA CRESCER DE MODO SUSTENTÁVEL

A justiça restaurativa na educação (JRE) tem uma história relativamente curta, em virtude da qual emergiram vários princípios e práticas. Na Parte 1 delinearemos uma visão geral da JRE (Capítulo 1), seu crescimento ao longo do tempo (Capítulo 2) e as crenças e valores que viabilizam sua implementação sustentável nos ambientes educacionais (Capítulo 3). Comparamos o crescimento da JRE ao desenvolvimento de uma planta. A analogia é apresentada como forma de ilustrar o complexo (e belo!) processo de crescimento orgânico. Esperamos que a comparação ajude a explicar conceitos que muitas vezes são negligenciados – muito semelhantes ao sistema de raízes que crescem debaixo da terra, permitindo que desfrutemos da beleza da planta ou árvore.

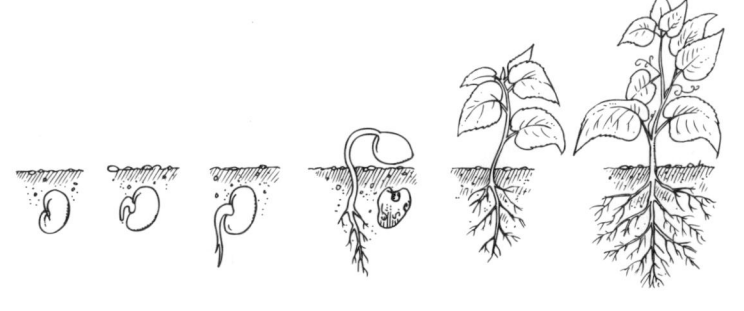

1

O MODO COMO FAZEMOS AS COISAS POR AQUI

A justiça restaurativa na educação (JRE) ganha vida em histórias.

1. O urso de pelúcia vai sendo passado pelo círculo de 21 alunos da quarta série. Ele chega a Joey, um menino com dificuldades de comunicação, que segura o urso em silêncio. Depois de instantes, alguns colegas o incentivam a falar ou passar o urso adiante. A professora silencia os protestos e relembra o grupo de que segurar o bastão de fala em silêncio é uma forma de se comunicar. Joey sorri com apreciação e então passa o urso adiante. Na próxima volta dois outros alunos seguram o urso em silêncio. Joey relaxa os ombros, que estavam tensos.

2. Um grupo de alunos se aproxima da Sra. Gonzales. Estão confusos sobre o trabalho final a ser entregue. Eles se esforçaram muito, mas, ainda assim, fizeram pouco progresso. Ela tem vontade de explicar (pela quarta vez) o que se espera deles. Em vez disso, para e escuta à medida que eles respondem às suas perguntas: O que está acontecendo? O que vocês pensam/sentem a respeito desse trabalho? Qual é a coisa mais difícil de fazer para cada um de vocês? Que impacto isso está tendo em vocês? O que é preciso que eu faça para que vocês consigam avançar?

3. Duas garotas da nona série, antes amigas, vêm brigando há dias. Hoje a orientadora as chamou de lado e criou um espaço seguro para que conversem. Respondendo a perguntas que orientam seu encontro, as meninas explicam sua experiência, pensamentos e sentimentos, bem como o impacto que a situação está tendo. Então, cuidadosamente identificam o que precisam e o que podem fazer para virar a página e seguir adiante.

O resultado de cada uma dessas histórias é como ver o desabrochar de uma planta. Examinando atentamente as flores, vemos beleza e complexidade, uma completude que causa admiração pela sua sofisticação. Maravilhados pelas flores, raramente pensamos na semente que começou na escuridão, ou nas raízes sob a terra, que dão sustentação e alimentam a planta. Quando cortamos a flor e a colocamos na água, sabemos que poderemos desfrutar dela por alguns dias, contudo, sem as raízes, a flor não chegará à maturidade nem produzirá sementes para gerar outra flor.

O PROPÓSITO DESTE LIVRO

O propósito desta obra é dirigir sua atenção à semente, à estrutura da raiz e aos ramos que dão sustentação às experiências positivas que surgem da implementação da JRE. Se compreendermos a fundo esta teoria e filosofia, a prática da JRE será nutrida e fortalecida ainda mais. Do mesmo modo, se a prática não prosperar, poderemos identificar a causa do insucesso.

As três histórias acima refletem três componentes interligados que são próprios da JRE e que cresceram e amadureceram ao longo de anos de prática nas escolas:

- **Criar ambientes justos e equitativos;**
- **Nutrir relacionamentos saudáveis;**
- **Reparar danos e transformar conflitos.**

Esses componentes nasceram das crenças centrais (sementes) de que as **pessoas são valiosas e relacionais**. Eles têm suas raízes nos valores do **respeito**, da **dignidade** e do **cuidado mútuo**.

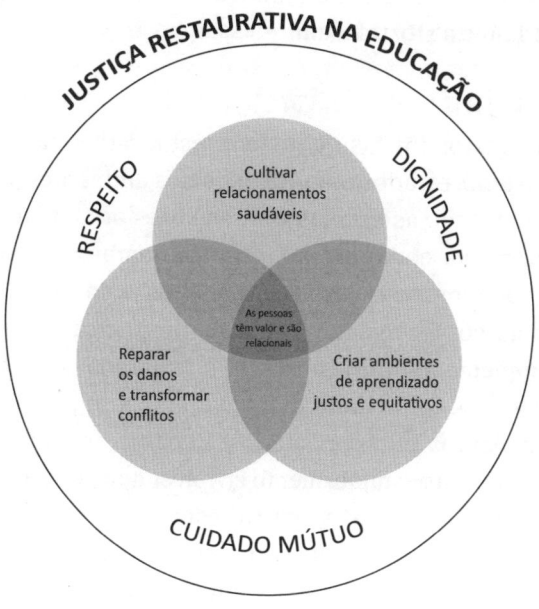

Figura 1.1

À medida que os educadores se envolvem com a JRE em seus vários contextos, a esperança que vivenciam é muitas vezes misturada com dúvidas, preocupações e interpretações equivocadas. Neste livro procuramos construir com base na literatura inicial, atual e cada vez mais extensa, que está disponível para que professores cultivem seu crescente potencial a fim de educar restaurativamente. Como formadores de professores, oferecemos os conhecimentos que adquirimos em sala de aula, e através de pesquisas e de nosso compromisso pessoal com a Justiça Restaurativa, que cresceu ao longo dos anos. É muito benéfico associar a JRE com a pedagogia e também com o clima e a cultura escolares. Quando colocadas de modo cuidadoso e com sentido de propósito no contexto educacional, as raízes da justiça restaurativa crescem, se aprofundam e se fortalecem.

O QUE É JRE?

Os formatos inicias da justiça restaurativa na educação tomaram emprestados os contornos dos ambientes judiciais. Por esse motivo, as escolas muitas vezes adotavam a justiça restaurativa como estratégia para tratar de problemas de comportamento e resolver conflitos e danos. Contudo, quando as conferências circulares de justiça restaurativa foram implementadas nas escolas e facilitadas com cuidado e consistência, foi ficando mais evidente a importância dos relacionamentos interconectados. Reparar os danos requer muito mais do que simplesmente envolver aqueles diretamente afetados pelo incidente. A justiça restaurativa tornou-se uma responsabilidade compartilhada, um compromisso de criar ambientes educacionais justos e equitativos. Nessas ocasiões, os defensores da JRE foram desafiados, de início, a repensar seus pressupostos sobre **justiça**, **restauração** e **educação** e, em seguida, a imaginar como a JR deveria ser implementada na estrutura institucional da escola. (Veja o Capítulo 2 para detalhes sobre a história da JRE).

Definições

A justiça restaurativa na educação engloba inúmeros termos e abordagens. Os mais comuns são: práticas restaurativas, disciplina restaurativa, abordagens restaurativas, medidas restaurativas e práticas de justiça restaurativa. Junto a estes, há ainda modalidades de mediação entre pares, aprendizado socioemocional, construção de paz e programas *antibullying* que partilham de algumas das metas da JRE no sentido de melhorar o clima, a segurança e o aprendizado na escola. Como compreender essas abordagens que se sobrepõem, e como a JRE pode reunir o que há de melhor em cada uma delas?

A expressão **justiça restaurativa na educação** sintetiza e amplifica aquilo que é partilhado em todas essas perspectivas, apontando numa direção bem mais clara. Neste livro, os termos **justiça**, **restaurativa** e **educação** são definidos da seguinte forma:

> **Justiça** significa respeito ao valor inato de todos nós. Ela é implementada através dos relacionamentos. A justiça primária, às vezes chamada justiça social, é uma condição de respeito, dignidade e proteção de direitos e oportunidades para todos e está presente nos relacionamentos em que ninguém é lesado. A justiça secundária, ou judicial, é compreendida principalmente como resposta a um dano ou crime.[1]
>
> **Restaurativa**, como adjetivo que qualifica tanto a justiça primária como a secundária, descreve o modo como a dignidade, o valor e a interconexão de um grupo ou indivíduo serão nutridos, protegidos ou reestabelecidos a fim de permitir que as pessoas contribuam plenamente como membros de sua comunidade.

Educação vem do latim *educare*, que significa "conduzir, fazer aflorar". Portanto, inclui o aprendizado em todos os contextos, formal ou informal, e busca empoderar o aluno de qualquer idade para que ele consiga agir de acordo com sua capacidade de ser humano relacional.

Cada uma dessas palavras, por si só, já pressupõe e reflete uma visão dos seres humanos como únicos e cheios de potencial. Quando combinadas em "justiça restaurativa na educação", a expressão pode ser definida como:

> **Facilitação de comunidades de aprendizado que nutrem a capacidade das pessoas de se engajarem mutuamente e com seu ambiente de modo a amparar e respeitar a dignidade e valor inerentes a todos.**

Em última instância, a JRE é uma visão da educação que reconhece que nosso bem-estar individual e coletivo aumenta muito mais pelo engajamento e apoio mútuo do que pelo esforço individual.

JRE: O modo como fazemos as coisas por aqui

Quando a justiça restaurativa é compreendida de modo amplo, ela forma uma intersecção com instituições de ensino – da pré-escola à universidade – de modo a estimular normas culturais ("o modo como fazemos as coisas aqui"). É importante reconhecer que a **cultura** de uma escola nasce das crenças e valores das pessoas. No corre-corre da vida e do aprendizado, em geral estes são presumidos, raramente discutidos e, muitas vezes, mal compreendidos. A implementação da JRE é mais bem-sucedida quando se gasta algum tempo para identificar e assumir o compromisso com certas crenças e valores importantes. Quais são essas crenças e valores?

As **crenças centrais** da JRE são: Todos os seres humanos têm valor e são interconectados. A JRE reconhece a necessidade de pertencimento das pessoas, ou o "desejo universal humano de se ligar a outros de um modo bom".[2] Essas crenças estão fundadas em três **valores-chaves**: respeito, dignidade e cuidado mútuo. Dentro desses valores, muitos outros podem ser identificados segundo as necessidades particulares das pessoas. Por exemplo, suponha que, para dar o melhor de si no convívio, você preze muito a **confiança**, a **honestidade** e o *incentivo*. Contudo, um de seus pares poderá escolher **responsabilidade**, **prontidão** e **humor** como valores-chaves para se sentir valorizado e interconectado. O que importa para nossa discussão da JRE é que:

- crenças e valores nutrem o bem-estar individual e o dos outros e
- o bem-estar depende da experiência educacional como um todo.

O Capítulo 3 discutirá as crenças fundantes e os valores centrais da JRE em maior detalhe. Os capítulos de 4 a 6 examinarão os seguintes componentes necessários à cultura escolar restaurativa:

Criar ambientes de aprendizado justos e equitativos significa que todos os alunos e funcionários serão reconhecidos e aceitos por quem são, inclusive por sua raça, gênero, sexualidade, condição socioeconômica, religião, linguagem etc. Todos deveriam ter a oportunidade de participar e mutuamente oferecer e receber recursos e apoio para sua experiência de aprendizado pessoal, de modo que cada um possa vivenciar a vida de modo pleno. Em última instância, o propósito da JRE é criar espaços de pertencimento que amparam a todos em suas necessidades.

Nutrir relacionamentos saudáveis é o reconhecimento de que a saúde social e emocional é vital para aprender e para viver. Tanto alunos como professores florescem quando se sentem aceitos e respeitados por aqueles com quem convivem. Assim, o respeito, a inclusão, a resolução de conflitos, o aprendizado e ensino recíprocos, a tomada de decisões etc. devem ser integrados em todos os aspectos da educação – ou seja, no programa de ensino, na pedagogia, nas interações nos corredores, no refeitório, no pátio, no transporte escolar, na administração, nos protocolos e políticas escolares, nas reuniões de equipe, nas interações família-escola.

Reparar danos e transformar conflitos é o reconhecimento de que o conflito e o dano são partes normais da vida e muitas vezes oferecem oportunidades de aprendizado e transformação. Juntos, todos os envolvidos e a comunidade aprendem a se comunicar claramente para identificar os danos, estimular a responsabilidade naqueles que causaram os danos, aceitar e cuidar das necessidades dos que foram prejudicados e dos que lesaram os outros.

Para ser sustentável, a JRE deve ser compreendida de modo amplo. Sem um engajamento explícito com as crenças e valores centrais, não haverá ponto de referência ao qual recorrer quando o caminho se tornar incerto ou conturbado. Se a escola decidir colocar o foco exclusivamente nas práticas de justiça restaurativa a fim de tratar de incidentes lesivos – enquanto deixa de lado o ambiente de aprendizado e o fomento de relacionamentos saudáveis –, é provável que os acordos realizados com o propósito de resolver conflitos (em geral fruto de práticas restaurativas) não se sustentem e que, na verdade, possam levar a danos futuros. Se o foco recair sobre o estímulo e a manutenção de relacionamentos saudáveis e sobre o incentivo a classes e comunidades escolares interconectadas, mas o tratamento de comportamentos inapropriados for punitivo e baseado em reforço positivo ou castigo, os alunos vivenciarão um padrão dúbio que acabará por solapar seu senso de valor e bem-estar. Do mesmo modo, se houver foco na criação de ambientes escolares justos e equitativos, mas o programa de ensino ignorar a raça ou a religião de alguns alunos privilegiando a de outros, então a confiança, elemento essencial dos relacionamentos justos, ficará comprometida. Ou seja, o compromisso de respeitar o valor e a interconexão dos seres humanos deve estar evidente em todos os aspectos da educação.

Por que a JRE é diferente da educação tradicional?

Ao longo de décadas, muitos filósofos da educação e pedagogos incentivaram o engajamento relacional (e.g.: Dewey, Vygotsky, Freire, Noddings, Kohn). Nesse sentido, a JRE não traz nada de novo. Ela é expressão das comunidades de cuidado e respeito que eles vêm preconizando há tempos. Contudo, novas perspectivas levam tempo para fincar raízes na cultura. Embora a educação ofereça grande esperança de um futuro melhor, ela serve também como meio de controle social, local onde os alunos aprendem a obedecer e a assumir seu lugar num mundo movido pela economia. Apesar dos muitos esforços ao longo de considerável período de tempo em mudar esse estado de coisas, as políticas e práticas mais populares e ainda vigentes são aquelas que industrializam o ensino e minam o bem-estar dos indivíduos e suas comunidades (entre elas: tolerância zero, corte de verbas para a educação pública, distribuição pouco equitativa dos recursos, padronização de notas de aprovação, programas, exames e aprendizado baseados em reforços positivos e castigos).[3]

A JRE é um convite à criação de culturas educacionais que enfatizam o engajamento social ao invés do controle social.[4] O ponto de partida da expressão "como somos quando estamos juntos" são os relacionamentos e não as regras; as pessoas e não as políticas; respeitar as capacidades em vez de avaliar habilidades; criar significado em vez de impor conhecimentos; perguntar mais do que mandar; e sucesso evidenciado pelo bem-estar no lugar de sucesso baseado em méritos. Isso não significa que regras, políticas, avaliações, disciplina e sucesso sejam irrelevantes. Significa simplesmente que estes devem servir às necessidades das pessoas e do nosso convívio e não o contrário. A JRE traz a possibilidade de transformar fábricas de aprender em jardins onde se plantam sementes e se cultiva seu crescimento.

RESUMO

Em seu cerne, a JRE convida educadores a **se envolverem** com os alunos, com os pais ou cuidadores dos alunos, com os colegas, com o programa de ensino e as instituições de ensino de modo a **respeitar** os indivíduos no contexto de sua comunidade. Dessa forma – seja o indivíduo ou a comunidade – todos podem florescer e crescer até atingir seu pleno potencial. Como em qualquer sistema vivo, este envolvimento requer cuidado partilhado e empoderamento que **nutre, alimenta, orienta e apoia**. O envolvimento desafia a dinâmica do poder hierárquico tradicional, que espera dos educadores que **gerenciem, controlem, moldem** ou **formem** os alunos, como se fossem objetos inanimados. A JRE cria espaços de aprendizado e ensino partilhados.

2

BREVE HISTÓRICO DA JUSTIÇA RESTAURATIVA NA EDUCAÇÃO

A tarefa de escrever uma história da justiça restaurativa na educação é desafiadora. Por um lado, porque este é um campo muito recente. Por outro, sua história está incrustada no campo da justiça restaurativa, cujo histórico remonta ao passado distante. Embora curta, a história da JRE é complexa, tendo surgido do trabalho comunitário em rede, em várias partes do mundo. A narrativa se complica pelo surgimento de toda uma miríade de programas, processos e campos que também buscam modos abrangentes de educar. Embora alguns desses programas não utilizem a linguagem da JR, estão alinhados com os princípios da JRE, e muitos se fundiram com programas de JRE.

Apesar da dificuldade, acreditamos que compreender as raízes históricas da JRE permitirá avançarmos de modo construtivo. Reconhecemos que nosso relato é um histórico incompleto, preso às nossas próprias perspectivas e experiências. Mas ao menos oferece um ponto de partida. Assim, neste capítulo, procuraremos delinear um histórico da JRE reconhecendo que (1) há muitos projetos locais aos quais não tivemos acesso e (2) na nossa seleção do que incluir neste capítulo apresentaremos apenas uma das narrativas históricas possíveis.

FUNDAMENTOS DE JUSTIÇA RESTAURATIVA DA JRE

A justiça restaurativa, como campo de atuação, começou no sistema de justiça criminal. Contudo, os princípios da justiça restaurativa são anteriores à sociedade ocidental. Para citar apenas um exemplo, os círculos de construção de paz nas comunidades não ocidentais há muito vêm servindo de espaço para resolver os problemas da comunidade, **dentro da própria comunidade**. Comunidades indígenas, como o povo navajo, sempre viram o dano e o conflito como sintoma de desconexão, enxergando a justiça por uma lente de cura e reconexão, como restauração dos relacionamentos. Da mesma maneira, as tribos maori, da Nova Zelândia, há muitas gerações incorporaram o sentenciamento comunitário e as conferências de grupos familiares às suas práticas. Essas abordagens tradicionais à construção de paz e à resolução de conflitos estão documentadas em outras fontes, e nos baseamos nesses autores para levantar a história dos primórdios da justiça restaurativa.[1]

Em geral, o caso de Elmira (1974) é considerado como a primeira aplicação dos princípios da justiça restaurativa no Ocidente. Por vezes intitulado "Experimento de Kitchener", devido à sua origem em Kitchener, Ontário, Canadá, esse caso deu início ao que depois foi chamado de programa de reconciliação vítima-ofensor (VORP), forma de buscar alternativas para tratar de males e responder ao crime colocando o foco nos relacionamentos e na cura ao invés de simplesmente nas leis e na punição.

No caso Elmira, um oficial de liberdade condicional canadense e voluntário do Mennonite Central Committee experimentou uma abordagem mais comunitária para lidar com um incidente que envolvia dois jovens acusados de vandalismo. Aos dois rapazes foi dada a oportunidade de se encontrarem com suas vítimas para oferecer restituição. O resultado foi um sucesso. Seguindo o modelo de Elmira, outros programas de reconciliação vítima-ofensor foram criados, inicialmente dentro do sistema de justiça criminal e depois dentro do sistema de justiça para a infância e juventude. Os VORPs foram introduzidos nos Estados Unidos em Elkhart, Indiana, em meados dos anos 1970 sob a condução de Howard Zehr, que vem liderando o campo da justiça restaurativa há mais de 40 anos. Em 1990, Howard Zehr publicou *Trocando as Lentes: um novo foco para o crime e a justiça*, hoje considerado o texto seminal da JR, no qual estruturou os fundamentos teóricos para o campo em expansão. A justiça restaurativa continuou ganhando influência tendo sido oficialmente reconhecida pela American Bar Association* em 1994 e pelas Nações Unidas em 1999.[2]

EXPANSÃO PARA O CAMPO DA EDUCAÇÃO

A aplicação dos princípios e práticas da justiça restaurativa nas escolas é relativamente recente, sendo que os primeiros projetos de que se tem registro aconteceram na Austrália, Nova Zelândia, Canadá, Estados Unidos e Grã-Bretanha. Enquanto a JR se difundia na área da justiça criminal, professores, diretores e orientadores pedagógicos começaram a aplicar as práticas comprovadamente eficazes no sistema judicial, adaptando-as para que se adequassem melhor ao contexto escolar. Por exemplo, em 2000 formou-se uma parceria em justiça restaurativa entre a Community Justice Initiatives Association e o Langley School District, na

---

* Equivalente à Ordem dos Advogados do Brasil. [N. da T.]

Colúmbia Britânica, Canadá, que trouxe as práticas de JR para as escolas. Outras parcerias comunidade-escola surgiram em várias partes do mundo, inclusive na Pensilvânia e no Colorado (Estados Unidos), em Queensland (Austrália), em Oxfordshire (Inglaterra) e em Wellington (Nova Zelândia).

Durante esse período de crescimento, Wendy Drewery (Nova Zelândia) e Marg Thorsborne (Austrália), além de muitos outros, se basearam em práticas indígenas (maori) e abriram caminho para a implementação das conferências de grupos familiares no ambiente escolar. Em Singapura e em outras partes da Ásia também iniciaram-se programas de mediação entre pares para tratar de conflitos e *bullying*, e no Reino Unido surgiu o Safer School Partnerships com base nas iniciativas restaurativas que já estavam sendo desenvolvidas nas escolas por Belinda Hopkins e outros desde meados de 1990.

O estado de Minnesota (Estados Unidos), sob a liderança de Nancy Riestenberg, foi pioneiro na justiça restaurativa em ambiente escolar. Entre 1998 e 2001 o Minnesota Department of Children, Families, and Learning começou a trabalhar em parceria com as escolas para reduzir o número de suspensões e expulsões através da implementação das chamadas medidas restaurativas. Incentivado pelo sucesso nas escolas, o trabalho de justiça restaurativa em Minnesota continuou a crescer e tornou-se um esforço estadual sob os auspícios da Minnesota Department of Education – MDE [Secretaria Estadual de Educação de Minnesota]. Riestenberg foi contratada pela MDE como especialista em clima escolar e ficou responsável por apoiar a implementação da justiça restaurativa nas escolas de Minnesota. O esforço continua a fim de instalar a justiça restaurativa nas políticas e práticas educacionais e tem servido de modelo para outras escolas, municípios e estados que procuram adotar a JRE. Durante a primeira década do século 21 vários municípios de Ontário, Canadá (e.g.: Waterloo e York) começaram a contratar pessoas para supervisionar a implementação de práticas restaurativas nas escolas. Lynn Zammit, Angie Dornai, Brenda Morrison e Jennifer Llewellyn foram algumas das primeiras líderes do movimento de JRE no Canadá.

Além disso, uma organização não governamental da Pensilvânia, que aplicava princípios de justiça restaurativa ao trabalho com alunos expulsos da escola, criou o Safer Saner Schools em 1999. Desse trabalho surgiu o International Institute for Restorative Practices (IIRP). Nesse instituto surgiu a primeira graduação em práticas restaurativas, criada oficialmente em 2007. Além do curso de graduação, o IIRP abriu filiais na Austrália, Canadá, Europa e América do Sul.

Um dos fatores que complica toda tentativa de traçar um histórico da JRE é a quantidade de programas, como educação para a paz, educação para resolução de conflitos, mediação entre pares e restituição, que também foram desenvolvidos para resolver conflitos dentro da escola, tratar de necessidades relacionais e de aprendizado e promover a construção da paz nas escolas. Ao longo dos anos 1980 e 1990, antes de o termo "justiça restaurativa" entrar nas escolas, esses programas já vinham funcionando. À medida que a linguagem da justiça restaurativa foi se infiltrando nas escolas, a mistura da JR com os programas já existentes foi inevitável e, em muitos contextos, abriu caminho para o crescimento da justiça restaurativa.

COLUMBINE, TABER E A ERA DA TOLERÂNCIA ZERO

Ao mesmo tempo em que a justiça restaurativa ganhava espaço nas escolas, também cresciam as políticas de tolerância zero. Em 1994 o Gun-Free Schools Act [Lei de escolas sem armas] foi sancionado nos Estados Unidos, e em 2000 foi a vez do Canadá com o Safe Schools Act [Lei das escolas seguras]. Havia anos o conceito de tolerância zero estava ligado ao sistema de justiça criminal e representava a mentalidade de "acabar com o crime". A partir dessas leis, a linguagem da tolerância zero ganhou espaço nas escolas criando mais abordagens draconianas à disciplina escolar. Inicialmente, as leis de ambos os países exigiam suspensão obrigatória por porte de qualquer arma nas dependências da escola. Depois, isto se expandiu para incluir também posse de qualquer droga e muitos outros ilícitos.

Em 1999 dois eventos levaram a uma escalada total de tais medidas draconianas: em 20 de abril, em Columbine, Colorado, Estados Unidos, dois alunos abriram fogo contra colegas na Columbine High School, matando 13 e ferindo 21. Oito dias depois, um aluno de 14 anos entrou em uma escola em Taber, Alberta, Canadá, e matou outro aluno, aparentemente numa tentativa de replicar o ataque de Columbine. Nos anos que se seguiram a esses dois atentados em escolas, as políticas de tolerância zero foram aplicadas a uma infinidade de comportamentos escolares, aumentando o recurso a suspensões e expulsões, assentando as bases para o que tem sido muitas vezes chamado de "linha direta escola-prisão".[3] Na verdade, parece que o "frenesi de tolerância zero"[4] acabou sendo de alguma forma contraproducente, pois, após alguns anos, a população em geral começou a questionar seriamente a eficácia dessas políticas, e muitas escolas começaram a evitar suas aplicações mais extremas.

DA TOLERÂNCIA ZERO À JUSTIÇA RESTAURATIVA

Em meados da primeira década do século 21, presenciamos um aumento das críticas às políticas de tolerância zero. Por exemplo, em 2007, o Ministro da Educação de Ontário, Canadá, anunciou que a tolerância zero tinha sido um fracasso e deu início ao processo de substituição da tolerância zero por políticas de apoio aos estudantes, como a mediação e a justiça restaurativa.[5] Da mesma forma, nos Estados Unidos, a American Psychological Association publicou um relatório no sentido de que as políticas de tolerância zero não só eram ineficazes mas também estavam na contramão de tudo o que se sabe sobre desenvolvimento infantil e boas práticas educacionais.[6]

Em 2014 os ministérios da Educação e da Justiça dos Estados Unidos publicaram uma declaração conjunta segundo a qual medidas disciplinares de suspensão estavam sendo usadas de modo abusivo e aplicadas de maneira discriminatória. No mesmo documento, recomendaram o uso de justiça restaurativa como uma das muitas alternativas a suspensões e expulsões.[7] Na esteira dessas mudanças, veio uma crescente conscientização e aceitação em relação à JR nos contextos escolares. Os últimos anos presenciaram a adoção de práticas restaurativas por escolas ou por municípios inteiros, ao contrário de um professor aqui ou um orientador ali, como era antes.

Digno de nota é o trabalho em Oakland, Estados Unidos, da Restorative Justice for Oakland Youth (RJOY), conduzido por John Kidde, Rita Alfred e Fania Davis. Baseada nos recursos da RJOY, a Cole Middle School, em West Oakland, deu início em 2005 a um treinamento em JR para os professores e outros funcionários da escola a pedido do gerente disciplinar da escola. Em 2007 a JR já tinha se tornado o sistema oficial para tratar de questões disciplinares na Cole e os alunos estavam sendo treinados como facilitadores de círculos. Em 2016 o município de Oakland já tinha um departamento central de JR, e há um coordenador de JR em quase todas as escolas de nível médio e superior do município.

MUDANÇAS RECENTES NA JRE

A justiça restaurativa no contexto escolar não está mais limitada a escolas isoladas. Tornou-se um campo autônomo e em expansão, ainda ligado à comunidade de JR mais ampla, mas com suas próprias práticas e princípios. Como resultado, observam-se três grandes mudanças:

1. Crescente entendimento da JRE;
2. Desenvolvimento de uma teoria de JR específica para a educação;
3. Inclusão da JRE nos programas de formação de professores.

Em primeiro lugar, no início, a aplicação de justiça restaurativa nas situações escolares era basicamente uma tentativa de encontrar alternativas para a suspensão e a expulsão de alunos. A maioria dos primeiros programas de JR nas escolas focalizava o comportamento dos alunos e as formas de lidar com os danos causados por eles. Mais recentemente, no entanto, a JR foi adotada também como forma de cultivar ambientes escolares saudáveis. As obras de Brenda Morrison e Dorothy Vaandering[8] começaram a mostrar o comportamento dos alunos por uma lente de engajamento social – ao contrário de controle social –, fazendo eco às pesquisas na área da pedagogia que incentivam mudanças no ambiente escolar em vez de simplesmente tentar mudar o comportamento de alunos individuais.

Assim, embora alguns vissem a justiça restaurativa como um menu de intervenções para tratar de males, muitos no campo da educação viam a JR como um arcabouço teórico através do qual se enxerga não apenas a reparação de males, mas também a restauração de relacionamentos saudáveis, dando ênfase a ambientes de aprendizado justos e equitativos. Por exemplo, várias escolas têm incluído um foco no aprendizado socioemocional como parte de suas abordagens restaurativas, reconhecendo que muitos alunos precisam de instrução explícita sobre como reconhecer emoções e reagir a elas.

Em segundo lugar, foram professores, orientadores e diretores que conduziram a maior parte das iniciativas de justiça restaurativa nas escolas. Este era um movimento comunitário. Contudo, com seu crescimento, a JRE vem se tornando cada vez mais sistematizada e parte integrante das estruturas escolares. Embora as primeiras práticas estivessem baseadas em algum fundamento teórico, este vinha das disciplinas da criminologia e da sociologia, e não necessariamente da pedagogia. É preciso estabelecer a JRE como um campo autônomo, embora oriundo da JR; um campo baseado na educação e na pedagogia.

Uma das implicações desse crescimento é a necessidade cada vez maior de recursos para pesquisa. Alguns educadores estão começando a escrever sobre a teoria de JR específica para a educação. Por exemplo, em 2004 Belinda Hopkins escreveu sobre abordagens de implementação da JR para a escola como um todo, afirmando que para criar escolas justas era preciso mais do que apenas reagir a infrações disciplinares. Em 2005, Lorraine Stutzman Amstutz e Judy H. Mullet escreveram o livro *Disciplina Restaurativa para Escolas*, lançando os princípios fundantes da aplicação da justiça restaurativa a incidentes disciplinares escolares. Em 2007 foram publicados vários livros abordando a justiça restaurativa em contextos escolares. Ron Claassen publicou *Discipline That Restores*, oferecendo um modelo para disciplinas e estratégias escolares a fim de criar ambientes de aprendizado mais respeitosos e cooperativos. Brenda Morrison escreveu o primeiro relato acadêmico abrangente sobre o desenvolvimento da justiça restaurativa como resposta ao *bullying* e à violência escolar em *Restoring Safe School Communities*.

Além dos livros, têm aumentado os recursos em vídeo e outras ferramentas de implementação. Uma lista de recursos pode ser encontrada no final deste livro.

Por fim, o crescimento da JRE levou à inclusão da justiça restaurativa nos programas de formação de professores. Antes, boa parte do treinamento em justiça restaurativa se dava através de programas de desenvolvimento profissional ou programas comunitários. Hoje vários programas de capacitação de professores oferecem cursos e diplomas de justiça restaurativa. Por exemplo, a University of Waikato, na Nova Zelândia, passou a oferecer cursos desde 2000 como parte do programa de Pedagogia.[9] Em 2014, a Eastern Mennonite University, em Harrisonburg, Virgínia, Estados Unidos, deu início a um programa específico de graduação em JRE, dentro do Departamento de Pedagogia, e também um mestrado em Pedagogia com ênfase em JRE.[10] No ano seguinte, a Simon Fraser University, em Vancouver, Colúmbia Britânica, Canadá, fez o mesmo, aprovando o desenvolvimento de um programa de JRE dentro do Departamento de Pedagogia.[11] Por ser importante que os profissionais da educação estejam munidos de conhecimentos, habilidades e disposição conducentes à implementação da justiça restaurativa, acreditamos que tais programas se tornem mais comuns à medida que a JRE crescer.

RESUMO

A JRE vem crescendo rapidamente. Neste capítulo situamos seu crescimento dentro de um contexto histórico. Reconhecemos que esta é apenas uma história parcial. Esperamos que esse histórico ofereça um ponto de partida para que outros o desenvolvam.

Uma das principais críticas à justiça restaurativa na educação é que ela não é fácil de definir. Embora muitos processos possam ser identificados como restaurativos, o que a JRE tem em comum com esses processos são os princípios fundamentais, bem como as crenças e os valores centrais que orientam o trabalho.

Este livro adota uma visão ampla da JRE, vendo-a como estrutura e não simplesmente como um conjunto de práticas. Dentro dessa estrutura, vemos a JRE composta de três elementos interdependentes e que se sobrepõem:

- **Criar ambientes justos e equitativos;**
- **Nutrir relacionamentos saudáveis;**
- **Reparar danos e transformar conflitos.**

Nos capítulos de 4 a 6, discutiremos cada um desses itens em maior detalhe. Antes disso, entretanto, tomaremos algum tempo no Capítulo 3 para examinar o importante papel das crenças e valores na JRE.

3
Crenças e Valores na JRE

> Pense numa decisão, importante ou trivial, que você tenha tomado recentemente e considere as ações que se seguiram. Agora pondere os fatores que influenciaram sua decisão:
>
> - Você foi influenciado por outras pessoas?
> - Você foi influenciado por percepções da situação?
> - Você foi influenciado pelas possíveis consequências?
> - Você foi influenciado por experiências anteriores?

Tomar decisões faz parte da vida, é como respirar, comer e dormir – por isso mesmo, raramente pensamos nas influências que nos levam a tomar essas decisões. Depois, a tendência é prestar atenção às consequências da decisão. Assim como prestamos atenção apenas à flor de uma planta, muitas vezes nos esquecemos de que o crescimento começa na semente e depende das raízes. Da mesma forma, as sementes e raízes da tomada de decisão e das ações de uma pessoa (organização, instituição ou sociedade) refletem suas crenças e valores.

A justiça restaurativa na educação (JRE) nasceu de um determinado conjunto de crenças e valores. Para que educadores e escolas implantem, cultivem e sustentem a implementação da JRE, é preciso avaliar se e como as crenças pessoais e organizacionais estão alinhadas com aquelas da JRE. Crenças e valores em geral são presumidos, variados, interconectados e influenciados por nosso contexto sociocultural. Pode ser difícil avaliar essas crenças e valores, mas a mudança social positiva requer que os examinemos de perto.

Neste capítulo adotaremos outra metáfora – a do uso de óculos – como forma de melhor reconhecer nossas crenças e valores. Definiremos o que significam as crenças e valores da JRE, convidando os leitores a identificar suas crenças e valores pessoais mais importantes. Ilustraremos como a JRE leva essas crenças e valores para a realidade.

OS ÓCULOS QUE MOLDAM NOSSA VISÃO DE MUNDO

Ao descrever os fundamentos da justiça restaurativa (JR), Howard Zehr explica que, para se envolver com a JR, é preciso examinar e mudar as lentes através das quais vemos o mundo.[1] Assim como os óculos prescritos por um bom oftalmologista nos ajudam a ver as coisas com mais clareza, também o ato de articular explicitamente nossas perspectivas nos ajuda a compreender o mundo. Nosso ponto de vista é formado a partir de nossas crenças e valores. Como a armação e as lentes dos óculos, as crenças sustentam os valores e os valores sustentam as crenças. Juntos, eles impactam nossas decisões e ações.

As **crenças**, que equivalem à armação dos óculos, são ideias específicas que aceitamos como verdadeiras, mas não podem ser totalmente comprovadas. Embora frequentemente se baseiem em evidências vivenciais e na intuição, as crenças também envolvem sentimentos de confiança e convicção. Elas impactam nossa visão de mundo e talvez exijam a aceitação de coisas que aconteceram no passado distante (*e.g.*: dinossauros) ou que acontecerão no futuro (*e.g.*: mudança climática), a aceitação de uma teoria ou coisas que não foram vistas (*e.g.*: teoria do Big Bang), a fé em seres supremos (*e.g.*: as religiões), ou uma convicção sobre nosso propósito como pessoas (*e.g.*: individualismo). Somos apresentados a essas crenças desde o nascimento através de experiências pessoais dentro da família ou outros contextos socioculturais.

Parte do que acreditamos raramente é questionado. Outras vezes, determinada experiência nos leva a questionar nossas crenças e decidimos então aceitá-las, ajustá-las ou rejeitá-las adotando novas crenças. Sejam conscientes ou inconscientes, as crenças moldam a forma como pensamos e agimos. Elas se tornam a estrutura, a paisagem mental ou a **perspectiva** que orienta nosso modo de viver. Por exemplo, será que acreditamos que as crianças e os jovens são adultos em miniatura com capacidade racional plenamente desenvolvida e capazes de compreender suas escolhas e ações – **ou** será que os vemos como pessoas cuja capacidade de compreensão ainda está em desenvolvimento? Nossa crença sobre as crianças e jovens influenciará o modo como interagiremos com eles.

Os **valores** correspondem às lentes dos óculos através das quais enxergamos a realidade. Representam aquilo que consideramos importante na vida. Emergem de nossas crenças e podem também influenciar nossas crenças. Os valores nascem graças à nossa interação com os outros, com o ambiente e em função de nosso desejo de bem-estar. Como indivíduos, sabemos o que precisamos para sobreviver e florescer, e fazemos escolhas acreditando que são benéficas para o nosso bem-estar. Voltando para o exemplo da nossa visão sobre crianças e jovens: se acreditamos que eles são miniadultos, podemos presumir que suas ações são intencionais e que, chamando sua atenção e punindo, provocaremos mudanças. Se pensamos que são pessoas em desenvolvimento, presumimos que suas ações são um esforço para lidar com algo difícil, e que precisam de ajuda. A primeira perspectiva sugere valores como obediência, perfeição, adesão a certos padrões e assimilação. A segunda traz valores como honestidade, confiança, incentivo, apoio, relacionamento e colaboração.

Como colocar os óculos que nos permitirão compreender a JRE? Primeiramente, tomando consciência de que já estamos usando um certo par de óculos que formata o modo como vemos o mundo. Depois, percebendo que há outras opções disponíveis. Por fim, escolhendo tirar os óculos antigos e colocar os novos.

QUE LENTES ESTAMOS USANDO?

Nem sempre está claro para nós quais são nossas crenças e valores. De fato, o que dizemos que acreditamos e valorizamos talvez não seja a realidade. Às vezes crenças e valores são inconscientes. Outras vezes estão reprimidos, porque parecem conflitar com aquilo que é aceito pela comunidade. Em última instância, não são as palavras, mas sim as ações que refletem com mais exatidão aquilo que está em nosso cerne. Vivemos segundo nossas crenças, não segundo o que dizemos acreditar.[2] É preciso reflexão profunda para trazer à tona nossas crenças e valores.

Uma maneira de fazer isso é examinar nossas ações. Ao identificar os valores refletidos em nosso modo de agir, conseguiremos ligar esses valores às nossas crenças centrais. Tente uma das estratégias abaixo:

- Pense em alguém que você ama. Faça uma lista das coisas de que teria saudade se estivesse longe dessa pessoa.
- Pense num grupo de pessoas com as quais você convive no trabalho ou na vida pessoal. Faça uma lista das coisas que você precisa **que elas ofereçam** para que você manifeste o que há de melhor em você.
- Encontre um objeto que representa **esperança** para você. Explique por quê.

Reflita sobre as coisas que listou. Elas são um início para começar a identificar seus valores. Agora escolha um dos valores e pense o que ele indica sobre suas crenças em relação às pessoas. Por exemplo, se você **valoriza ser legitimado** pelos outros para dar o melhor de si, isso pode indicar a sua **crença** de que as pessoas estão **interconectadas** e de que precisamos uns dos outros para sermos plenamente humanos.

Esta é apenas uma experiência inicial em meio a um processo bastante complexo. Nossos óculos também são formatados pelos grupos sociais aos quais pertencemos, como raça, etnia, religião, sexo, gênero, habilidades, classe socioeconômica, etc. Por exemplo:

- Ambas somos brancas, de classe média, sem limitações físicas, professoras de origem europeia com inúmeros privilégios. Queiramos ou não, esses privilégios moldam os óculos que usamos. Quando nos tornamos conscientes desses óculos, é possível começar a ver como nossas crenças e valores podem minar o bem-estar dos outros.
- Muitas sociedades ocidentais hoje são fortemente influenciadas por ideais que valorizam a liberdade individual e o liberalismo econômico em busca de lucro.

As instituições de ensino dentro dessas sociedades em geral funcionam segundo um modelo corporativo, no qual os alunos se tornam produtos, objetificados e valorizados somente quando apresentam resultados acadêmicos superiores, medidos segundo notas obtidas em exames.[3]

A complexidade da tarefa de identificar crenças e valores pode ser opressiva. Mas começar já é muito importante. Isso revelará as visões distorcidas que desavisadamente cultivamos (se for esse o caso). Caso constate uma desconexão entre crenças, valores e ações, não desanime. Isso é normal e, na verdade, nos coloca numa posição de vantagem na busca por outras opções. A reflexão profunda oferece o fundamento para mudanças autênticas e sustentáveis.

ÓCULOS NOVOS

Os princípios e práticas da justiça restaurativa na educação têm fundamento em duas crenças principais:

- Os seres humanos têm **valor**.
- Os seres humanos estão **interconectados** entre si e com o mundo.[4]

Independente das características visíveis de alguém ou de suas ações, essa pessoa é valiosa simplesmente porque é um ser humano que vive e respira. As pessoas florescem quando estão em bom relacionamento com os outros e com o ambiente. As pessoas são interconectadas.

Em torno dessas crenças temos três valores centrais: respeito, dignidade e cuidado mútuo.[5] Respeito e dignidade nos remetem diretamente a honrar o valor das pessoas. Cuidado mútuo nos remete à nossa interconexão. Ao refletir se nossas ações estão alinhadas com esses valores, poderíamos fazer as seguintes questões:

> **Respeito** (*re*: novamente; *specere*: olhar): "Olhar novamente" do ponto de vista do outro; colocar-se no lugar do outro e somente depois reagir.

- Nas minhas interações com os outros e com o mundo, será que demonstro respeito **aceitando-os** como são, ou quero mudá-los para que sejam mais como eu, ou para serem alguém que atenda às minhas necessidades?
- **Trato os outros com dignidade**, empenhando-me para fazer aflorar o melhor que há neles?
- Percebo que os outros precisam sobreviver e prosperar?
- Será que tomo cuidado para não ser obstáculo ao bem-estar dos outros?
- Relaciono-me com as pessoas cuidando para que seu bem-estar seja alimentado e para que possam florescer?
- Será que consigo ver de que maneira isso dá sustentação ao que eu sou?

> **Dignidade**: Valor que não pode ser substituído. As pessoas têm dignidade porque sua essência não pode ser substituída.

Esses valores resumem a definição de ser humano na perspectiva da JRE e, portanto, apontam para a realidade de que, para **florescer**, precisamos **pertencer**. Assim, se externamente você é tratado como alguém de valor (você tem a liberdade de se vincular aos outros), internamente você sente **pertencimento** (você sabe o que é sentir-se seguro).

> Cuidado mútuo: Muito mais do que preocupação mútua, o cuidado mútuo é um cuidado recíproco e interconectado.

Do ponto de vista da JRE, aceitamos o fato de que nem sempre agimos exatamente de acordo com nossas crenças e valores. Contudo, essa consciência nos permite tratar dos males sem medo, confiantes de que nosso valor e interconexão serão mantidos mesmo em momentos de tensão.

COMO COLOCAR ESSES ÓCULOS?

Às vezes podemos estar míopes, mas pensamos ter uma visão mais nítida do que os outros. Por exemplo, talvez nos convençamos de que estamos **respeitando** a nós mesmos, aos outros e ao mundo no qual vivemos. No entanto, o modo como vivenciamos o **respeito** pode ser muito diferente do modo como os outros o fazem. Essas variações no modo de ser pessoal tornam a vida complexa do ponto de vista relacional. Portanto, como podemos colocar os óculos da JRE?

Uma abordagem que descobrimos ser útil é a reflexão crítica sobre nossas próprias interações com os outros, mediada pelas seguintes perguntas:

- Estou legitimando/valorizando?
- Estou medindo/avaliando?
- Que mensagem estou passando?[6]

Estou legitimando?

Legitimar é aceitar os outros pelo que são. Requer que eu reflita se estou consciente das necessidades, da perspectiva e da cultura dos outros tão plenamente quanto estou consciente das minhas. Requer ainda escutar e perguntar com atenção, confiando nos outros e deixando de lado o desejo de "consertar" e "ajudar". Pertencimento e apoio são nutridos quando estou disposto a estar presente ao outro sem julgá-lo.

Estou medindo?

Medir os outros (ou a mim mesmo) é um modo de julgar e ver se se adequam às minhas expectativas de quem acho que **deveriam** ser. Medir me coloca numa posição de poder, em que meu próprio valor é afirmado pela falta de habilidade ou falta de valor do outro. As inadequações percebidas no outro corroboram meu valor próprio.

Na sociedade ocidental somos constantemente incentivados a medir uns aos outros e a formar grupos que acolhem alguns e marginalizam outros. Por exemplo, o comércio cria uma divisão entre os que "têm" e os que "não têm". A propaganda nos faz sentir inferiores ou superiores conforme possuamos ou não as últimas novidades em eletrônicos ou moda. As escolas, de modo semelhante, estão planejadas para rotular e agrupar alunos com base em habilidades e comportamentos. Comparações e avaliações podem ser necessárias e úteis, mas, quando medimos, é importante determinar o propósito da medição. Por exemplo, é possível se questionar: "Será que minha avaliação da habilidade de leitura de Sasha está beneficiando seu bem-estar ou será que é uma forma de destacar minha capacidade de ensinar bem?".

Pode parecer presunção pensar que sabemos identificar o que é o bem-estar do outro. Como posso realmente saber se minhas ações estão contribuindo para o senso de valor e interconexão dos outros? Portanto, a próxima pergunta concede aos outros a oportunidade de dar retorno sobre nossa interação.

Que mensagem estou passando?

Essa pergunta exige empatia e compaixão. Posso me colocar com empatia no lugar do outro e tentar compreender nossa interação, ou posso perguntar ao outro direta e compassivamente se ele ou ela consideram que nossa interação os legitimou. Todas as nossas palavras e ações passam mensagens para as pessoas, e segundo essas palavras as pessoas com quem convivemos criam um senso de pertencimento. Perguntar é o melhor modo de saber que mensagem estamos passando.

VIVENDO COM OS ÓCULOS DA JRE

Colocar os óculos da JRE através do exame de nossas interações com os outros pode ser uma experiência estranha no início. À medida que formos prosseguindo, as três perguntas nos ajudarão a lembrar de nossos pontos de vista em mutação. Talvez seja cansativo refletir continuamente a esse respeito. Embora essa nova visão fique mais nítida, talvez pareça muito diferente da nossa visão normal. Por vezes a discrepância entre a visão atual e a que costumávamos ter fica mais evidente. Pode ser necessário tirar os óculos novos às vezes para aliviar o desconforto. No entanto, à medida que formos vivenciando relacionamentos mais autênticos, perceberemos que são mais interessantes. Depois de algum tempo não estaremos mais tão conscientes da diferença entre a velha e a nova visão. Usar os óculos da JRE é um alívio, pois legitimar o valor e a interconexão de todas as pessoas com respeito, dignidade e cuidado mútuo em geral traz um estado de harmonia com quem somos enquanto seres humanos.

Através da perspectiva da JRE acabaremos reconhecendo as vulnerabilidades e contribuições uns dos outros. O medo do conflito e das diferenças diminuirá. Em vez de nos tornarmos defensivos e reativos, passaremos a interagir encontrando maneiras de avançar, nutrindo o bem-estar de todos. Em última instância, viver com os óculos da JRE nos permite olhar a vida como oportunidade de envolvimento social em vez de controle social.[7]

RESUMO

Este capítulo ressalta a necessidade de identificar e examinar crenças e valores pessoais a fim de encontrar ressonâncias com aqueles da JRE. Além disso, é importante também examinar como as crenças e os valores da JRE estão alinhados com as crenças e os valores das instituições de ensino. A compreensão de como estes se harmonizam ou diferem entre si dará forma ao desenvolvimento e sustentação da JRE.

Voltando à analogia da planta, este capítulo examina a semente (crenças) e as primeiras raízes (valores) da JRE. Sem elas não haveria como ancorar ou nutrir os princípios e práticas da JRE manifestos explicitamente através da criação de ambientes de aprendizado justos e equitativos, do cultivo de relacionamentos saudáveis e da reparação de danos e transformação de conflitos.

PARTE 2

EXAMINANDO OS COMPONENTES DA JUSTIÇA RESTAURATIVA NA EDUCAÇÃO

JUSTIÇA RESTAURATIVA NA EDUCAÇÃO

RESPEITO — DIGNIDADE — CUIDADO MÚTUO

- Cultivar relacionamentos saudáveis
- Reparar os danos e transformar conflitos
- Criar ambientes de aprendizado justos e equitativos
- As pessoas têm valor e são relacionais

- O Capítulo 3 coloca a crença central de que todas as pessoas têm valor e são relacionais como princípio fundante da justiça restaurativa na educação (JRE), circundando-o com os valores-chaves: respeito, dignidade e cuidado mútuo. Na Parte 2 avançaremos para examinar os três componentes principais da JRE.

- O Capítulo 4 discute a importância de criar ambientes de aprendizado justos e equitativos.
- O Capítulo 5 examina o cultivo intencional de relacionamentos saudáveis.
- O Capítulo 6 explica a natureza abrangente da reparação dos danos e da transformação de conflitos.

Como ilustrado no diagrama anterior, os três componentes da JRE não apenas estão intersectados, mas também revolvem em torno do mesmo eixo de crenças e valores centrais. Os conceitos discutidos em cada um dos capítulos seguintes se sobrepõem e se corroboram mutuamente. Por exemplo, um dos segredos para nutrir relacionamentos saudáveis é o estabelecimento de ambientes de aprendizado justos e equitativos e, igualmente, a habilidade de acessar as dinâmicas de poder nos relacionamentos a fim de tratar produtivamente o conflito e o dano. Assim entrelaçados, um não é mais importante que os outros, nem pré-requisito para os demais. Todos são essenciais.

Na Parte 2 os capítulos também partilham uma estrutura tripla.

1. Discutiremos a terminologia e a importância desse assunto para a cultura escolar;
2. Explicaremos como a JRE molda e se relaciona com cada um dos componentes;
3. Sugeriremos medidas concretas e atividades para ajudar os educadores a implementarem cada componente de maneira abrangente.

Essas medidas não exaurem as alternativas existentes, mas servem de possível ponto de partida para a aplicação dos conceitos fundamentais. A JRE depende de seu contexto. À medida que você for se envolvendo com os conceitos e atividades destes capítulos, surgirão mais medidas e atividades concretas que combinam com as necessidades e dons específicos da sua comunidade escolar. Além disso, cada capítulo contém vários destaques que propõem perguntas, atividades, pensamentos ou sugestões para sua reflexão. Eles podem ser usados individualmente ou em grupos e têm o propósito de dar suporte aos esforços para fazer de cada conceito uma realidade.

4

CRIANDO AMBIENTES DE APRENDIZADO JUSTOS E EQUITATIVOS

> Antes de começar a ler, reserve alguns momentos para anotar algumas palavras ou desenhar coisas que vêm à sua mente quando você pensa sobre justiça e equidade. Como você imagina essas ideais funcionando no ambiente da escola? O que é um ambiente de aprendizado equitativo? Como é aplicada e vivenciada a justiça no seu contexto educacional?

Criar ambientes de aprendizado justos e equitativos é algo complexo. Requer uma compreensão clara de justiça e de equidade, bem como consciência das injustiças. Contudo, compreensão e consciência por si só não são suficientes. É preciso fazer o propósito explícito de colaborar, estudar e comprometer-se com os valores discutidos no Capítulo 3, assim como de nutrir relacionamentos saudáveis (Capítulo 5) e a habilidade de tratar de conflitos e danos (Capítulo 6).

Reflita sobre as seguintes situações:

- Liza lutou para pronunciar a palavra "categorizar" no exame de matemática estadual. Ela está na oitava série e, se não passar nesse exame, não poderá começar o colegial com as matérias de matemática básica pré-álgebra, e isso a impediria de frequentar os cursos de matemática necessários para receber um diploma de qualificação para entrar na faculdade. Ela é boa em matemática, apenas não conseguia ler aquela palavra.
- Terry acaba de aceitar um emprego de professor de língua inglesa e literatura para a quinta série. Ele sabe que a escola pública não pode discriminá-lo devido à sua orientação sexual, mas teme que, se os alunos, pais ou outros professores descobrirem que é homossexual, talvez enfrente exclusão social e maior exigência de desempenho. Por isso, fica em silêncio e evita conversas sobre sua vida pessoal.
- Kali chegou na sala de aula da terceira série numa segunda-feira do começo de dezembro e encontrou uma árvore toda iluminada e uma figura grande de Papai Noel colada na parede, com música natalina tocando suavemente ao fundo. Suspirou, sentindo-se um pouco deslocada e ficou preocupada que as outras crianças descobrissem que sua família não celebra o Natal.

DEFINIÇÃO DE JUSTIÇA E EQUIDADE

Todos os dias, muitas crianças e educadores vão para a escola e se veem em situações adversas. Alguns se sentem marginalizados devido a sua raça, gênero ou orientação sexual. Outros sentem a escola como algo desconectado de suas vidas por causa de linguagem, religião, classe social ou habilidades. Para compreender essa realidade mais plenamente, é importante entender a essência da justiça e da equidade.

Justiça

Tentar definir o conceito de justiça é um grande desafio. A própria palavra vem sendo empregada de diferentes modos e utilizada para significar desde o juiz (em inglês ele pode ser chamado de *Justice*) até um sistema para sancionar um conjunto de leis (por exemplo, o processo penal). Como resultado das muitas maneiras em que a palavra justiça é empregada para significar tantas coisas diferentes, alguns escolhem usar uma linguagem distinta ao falar da justiça restaurativa (JR).

Por exemplo, alguns restringem o uso do termo **justiça restaurativa** para designar respostas de reação ao crime e aos males, enquanto outros preferem a linguagem da **disciplina restaurativa** a fim de indicar uma abordagem específica para tratar dos problemas de comportamento. Muitos outros termos foram criados para indicar práticas mais proativas concebidas para construir um senso comunitário dentro e além dos ambientes educacionais, como **abordagens restaurativas** ou **práticas restaurativas**.

Respeitamos o trabalho daqueles que escolheram usar outra terminologia, mas mantivemos o termo **justiça** como forma de ressaltar a natureza abrangente da justiça básica na JRE, que trata da busca recíproca daquilo que todos precisam para o seu bem-estar individual e coletivo. Ela inclui o respeito, a dignidade e o cuidado mútuo como forma de honrar o valor de todos (*e.g.*: eles obtiveram justiça). Isso engloba muito mais do que a justiça secundária, que trata de comportamentos e administra castigos a pessoas que fizeram a coisa errada (*e.g.*: foi feita justiça). Inclui o exame de relacionamentos assimétricos e a busca de maneiras para atender às necessidades de todos dentro daquele relacionamento.

Howard Zehr equipara **justiça** com a palavra hebraica *shalom*. Neste caso, a justiça trata de relacionamentos "certos", nos quais "certo" se refere às coisas como deveriam ser. De modo análogo, a palavra hebraica *sedeqah* se refere ao "reto" viver, ou retidão. Quando procuramos viver em *shalom, sedeqah* é o ato de fazer justiça. *Sedeqah* não indica uma instância passiva, mas o empenho em fazer justiça de modo ativo. Assim, dentro da tradição judaico-cristã, **justiça** diz respeito à "presença real de harmonia e inteireza, de saúde e prosperidade, de integração e equilíbrio [...] um estado de integridade ou florescimento em todas as dimensões da existência".[1]

O islã entretém ideias similares sobre paz e justiça. Amir Akrami, estudioso de teologia da Yale Divinity School, observa que a palavra *salaam* se refere a um senso de paz, saúde e inteireza. A presença dessa palavra em uma saudação comum (*assalamu alaikum*) comunica um desejo de paz e inteireza a quem recebe a saudação. A palavra árabe *adala* está mais alinhada com a ideia de justiça e denota um conceito presente no Corão: "colocar as coisas em seu lugar correto e apropriado, onde deveriam estar".[2]

Também nas tradições indígenas, a justiça e a equidade são fundamentais. A roda da medicina na espiritualidade nativa, por exemplo, simboliza equilíbrio e harmonia. Além disso, a palavra *namwayut* (do povo musqueam), que significa "somos todos um", chama a atenção para a importância de viver em equilíbrio e harmonia uns com os outros. Ao viver segundo o conceito *namwayut,* reconhecemos a interdependência da humanidade e nos esforçamos para ter relacionamentos saudáveis e fazer com que a reconciliação aconteça de modo justo. O Exmo. Chefe de Justiça Dr. Robert Yazzie, do povo navajo, faz uma distinção entre justiça horizontal e justiça vertical. Na justiça vertical, o ofensor e a vítima são vistos como separados e distintos; os resultados são definidos em termos de ganhar e perder. Na justiça horizontal, a igualdade é como um círculo no qual ninguém é mais importante que os outros. Somos todos um. O resultado desta justiça remete à inteireza e ao restabelecimento, ao invés do certo e do errado. Além disso, o ato de ajudar outra pessoa é mais importante do que definir de quem é a culpa. É responsabilidade de cada um de nós reparar os danos e restaurar a justiça.[3]

Dentro dessas tradições, há uma ligação estreita entre os conceitos de justiça e paz. Segundo a criminologista Elizabeth Elliott, "uma sociedade pacífica, segura e justa começa com indivíduos que estão em paz consigo mesmos e vivendo interações pacíficas uns com os outros".[4] Sem um senso de paz, em que a harmonia geral se concretiza, não pode haver verdadeira justiça. E sem um senso de justiça, é difícil ter paz. Ursula Franklin, física e ativista pela paz, define paz como "ausência de medo" e sugere que, ao debelar a opressão, a justiça cria um mundo onde não há necessidade de temor mútuo.[5] Assim, para a JRE, qualquer tentativa de construir a paz requer que se inclua a justiça como ingrediente básico.

> Tire alguns momentos para pensar sobre a tradição espiritual ou moral que fundamenta sua compreensão de justiça, de equidade e de inteireza. De que modo os conceitos da JRE se alinham com essa tradição?

Para resumir, Carolyn Boyes-Watson e Kay Pranis nos lembram de que a justiça não se trata de leis ou comportamentos prescritos, mas sim de relacionamentos. Elas argumentam que os humanos têm um forte senso inato daquilo que é justo e equitativo. Quando os relacionamentos são vivenciados como algo injusto, nascem "emoções negativas, como raiva, ressentimento, desconfiança e humilhação, que muitas vezes levam as pessoas a agirem para corrigir o desequilíbrio ou a injustiça" – ao passo que, quando os relacionamentos são vistos como justos, experimentamos um "senso de harmonia, paz, estabilidade e satisfação".[6]

Equidade

Equidade remete à imparcialidade e a um senso de que ninguém está sendo preterido. Diferente de igualdade, que sugere que todos são tratados da mesma forma ou ganham a mesma coisa, a equidade denota resultados igualmente bons, em que todos recebem o que precisam para ter bem-estar. Muitas vezes presumimos que, para sermos justos, devemos tratar todos igualmente. Isso seria bom se todos fôssemos idênticos – mas não somos.

A diferença fundamental entre equidade e igualdade pode ser ilustrada se examinarmos a aplicação das políticas de tolerância zero nas escolas. No início da década de 1990, essas políticas foram implementadas sob a alegação de que eram mais justas do que as políticas disciplinares anteriores, pois todos os alunos seriam tratados exatamente igual. Por exemplo, numa situação em que dois alunos brigassem e batessem um no outro, a regra de tolerância zero exigiria que os dois fossem suspensos por 10 dias, em qualquer circunstância. Supostamente, esse castigo pré-definido evitaria disparidades, igualando as condições de todos os alunos.

Conforme ficou demonstrado pelas pesquisas em anos subsequentes, as políticas de tolerância zero não conseguiram fazer das escolas lugares mais seguros e, na verdade, exacerbaram o tratamento desigual.[7] Apesar da retórica sobre tratar a todos igualmente, essas políticas aumentaram muito os índices de disciplina desproporcional (ou seja, não equitativa) para alunos não caucasianos, alunos vindos de famílias economicamente desfavorecidas, aqueles em programas de educação especial, e alunos LGBTQ.[8] Ao tentar tratar todos da mesma forma, as escolas ignoraram fatores como *bullying*, dificuldade acadêmica, trauma, racismo etc. – que impactavam o comportamento dos alunos. Por serem ignoradas as necessidades advindas dessas injustiças, muitos alunos, na verdade, não eram tratados de modo imparcial. De fato, as políticas criadas para promover igualdade levaram à objetificação dos alunos, como se os incidentes causadores de reações disciplinares estivessem desconectados de todo o resto da vida desses estudantes.

A equidade, diferente da igualdade, coloca a seguinte pergunta: O que as pessoas precisam para vivenciarem o bem-estar?

Voltando ao exemplo da tolerância zero, os dois alunos que brigaram talvez tenham entrado na briga por motivos muito diferentes, movidos por necessidades distintas. Imaginemos que para o primeiro a briga se deveu a uma frustração acadêmica que explodiu no refeitório; para o outro, a briga foi por ter sido vítima de *bullying* logo pela manhã. Embora teoricamente os dois sejam tratados "igualmente" no sentido de receberem a mesma suspensão de 10 dias, este não é um tratamento equitativo, pois nenhum dos dois recebeu o que precisava. Além do mais, as necessidades dos outros afetados pela briga – alunos e funcionários – foram totalmente ignoradas.

Temos a tentação de presumir que porque algo parece justo e imparcial para nós, isso deve estar óbvio também para os outros. O problema com essa linha de raciocínio é que o senso de justiça e imparcialidade das pessoas varia. Quando as pessoas dizem: "Isso não é justo", é importante travar um diálogo respeitoso para compreender sua noção de justiça. Qual o fator

> Debrucemo-nos um momento sobre a palavra "justo". Quando um aluno reclama "isso não é justo", provavelmente quer dizer que alguém tem algo que ele não tem. Está falando de igualdade. Como mudar para um ambiente de **equidade** onde o bem-estar é a meta, e não a igualdade?

de sua experiência que lhes parece injusto? Não precisamos ter a mesma visão que a outra pessoa, mas para lidar de modo eficaz com sua frustração, é preciso ao menos tentar compreendê-la.

Em uma escola onde foi implementada a JRE, o foco na justiça e na equidade cria espaços para compreender e tratar das necessidades subjacentes que muitas vezes se manifestam através de comportamentos indesejáveis. No exemplo anterior, o foco na justiça e na equidade poderia, em tese, ter evitado que a briga nem sequer acontecesse. Pelo esforço de garantir que um aluno recebesse apoio acadêmico adequado e que o outro tivesse um lugar seguro para tratar do *bullying*, as necessidades teriam sido atendidas antes do mal-estar crescer a ponto de se tornar um comportamento inadequado.

No resto deste capítulo, ofereceremos outros exemplos que demonstram como as práticas de JRE podem ajudar a promover ambientes de aprendizado justos e equitativos.

COMO A JRE TRATA AS QUESTÕES DE JUSTIÇA E EQUIDADE

Nesta seção discutiremos três maneiras de como as escolas que implementam a JRE podem tratar de injustiças e iniquidades. Há um longo histórico de esforços para tornar a escola um lugar mais justo e equitativo. Por exemplo, o National

Council of Teachers of English recentemente incluiu a ênfase em justiça social e equidade nos seus padrões para a preparação de professores.[9] Recursos como *Reading, Writing, and Rising Up: Teaching about Social Justice and the Power of the Written Word*, de Linda Christensen, ressalta o ensino de justiça social através da utilização de um programa com conteúdo temático. Publicações

> Reveja os valores centrais da JRE: respeito, dignidade e cuidado mútuo. Ao ler esta seção, observe onde esses valores se manifestam (*e.g.*: relacionamentos, políticas, rotinas escolares).

como *Rethinking Schools* e *Teaching Tolerance* oferecem recursos amplos para professores que desejam implantar uma pedagogia mais justa do ponto de vista social. Recursos como esses podem servir de apoio ao trabalho da JRE no esforço de cultivar ambientes escolares mais justos e equitativos.

Promover relacionamentos justos e equitativos

A JRE é uma estrutura relacional, por isso os relacionamentos na escola deveriam ser caracterizados pela justiça e equidade. Os processos de justiça restaurativa foram concebidos para facilitar uma convivência em que todos são tratados com valor e dignidade, independente de raça, etnia, religião, nacionalidade, habilidades, condição econômica, linguagem, tipo físico, gênero ou orientação sexual. Por exemplo, os processos circulares permitem que todos no círculo tenham a oportunidade de falar a partir de sua própria experiência. No círculo ninguém é mais importante que os outros e a perspectiva de todos é respeitada. Da mesma forma, quando ocorre um dano, a conferência restaurativa oferece um espaço para que os prejudicados tenham suas necessidades atendidas, e isso, por sua vez, reforça o valor e a dignidade de todos. Os que causaram danos são responsabilizados e têm a oportunidade de contribuir para o processo de restabelecimento no que for possível.

A justiça restaurativa pratica a escuta e cria espaços para tal, mas uma parte da criação do ambiente restaurativo na escola é formatar esses espaços de modo menos estruturado. Segundo Kay Pranis, "A justiça não trata de igualar o placar, mas de ficar bem". Ouvir é uma das maneiras pelas quais podemos ajudar os alunos a vivenciarem o restabelecimento. Isso é especialmente válido no tocante a alunos que são rotineiramente marginalizados ou que vivenciaram a escola como um lugar traumático. Ao gastar um tempo para se encontrar com os alunos durante ou depois da aula e escutar o que é importante em suas vidas, o professor cria um relacionamento que apoia todos os alunos, mas especialmente os que sofreram danos na escola. Esse gesto simples de acolhida tem o potencial de prevenir uma crise que talvez acontecesse mais tarde na aula de biologia.

Cuidar das necessidades subjacentes

"Resultados justos e equitativos" é uma expressão que significa que todas as pessoas receberão o que necessitam. Segundo os criminologistas Dennis Sullivan e Larry Tifft, "Desenvolvemos nossas potencialidades como seres humanos e aprimoramos o bem-estar coletivo quando nossas necessidades são respeitadas, manifestadas e escutadas, definidas com cuidado e, por fim, atendidas".[10] Um dos princípios centrais da JRE é o compromisso de cuidar das necessidades de todos os membros da comunidade. Mesmo quando essas necessidades não podem ser plenamente atendidas, o simples reconhecimento de que existem já é valioso.

Além do trabalho de Abraham Maslow e Carl Rogers, que foram precursores do desenvolvimento das teorias sobre as necessidades humanas, anos de pesquisa na área da educação concluíram que muitas necessidades "universais" básicas estão por trás da motivação:

1. **Autonomia**: senso de controle sobre o próprio destino;
2. **Pertencimento**: certeza de que somos aceitos, valorizados e respeitados;
3. **Senso de competência**: certeza de que somos capazes.[11]

De modo análogo, Howard Zehr explicitou três necessidades centrais como pilares da JR e essenciais ao bem-estar:

1. **Autonomia**: senso de controle pessoal e empoderamento;
2. **Ordem**: senso de confiança no mundo em que vivemos e na forma como funciona;
3. **Relacionalidade**: senso de conexão e de ter um lugar nos relacionamentos.

Zehr diz que, quando essas necessidades centrais não são atendidas, "constrói-se um senso de **autonomia** pela dominação dos outros, um senso de **ordem** baseado na violência e na força, e um senso de **relacionalidade** fincado na desconfiança dos outros e na associação com outros 'excluídos'".[12] Por exemplo, um aluno que sente que não tem amigos pode recorrer a comportamentos ilícitos a fim de adquirir um senso de pertencimento. As tentativas de controlar o comportamento desse aluno acabarão exacerbando o problema, pois isso seria tirar do aluno o controle que ele está se esforçando por adquirir.

A JRE procura tratar das necessidades subjacentes. Por exemplo, a necessidade de autonomia do aluno. Nas escolas comprometidas com a JRE coloca-se ênfase no processo de tomada de decisões partilhadas e no compromisso de usar o "poder com" ao invés do "poder sobre" os outros (veja o Capítulo 5 para mais detalhes). A JRE reconhece que as pessoas têm a capacidade de tomar boas decisões. Às vezes precisam de orientação, mas isso não deveria impedi-las de participar da tomada de decisões sobre seu futuro, ou sobre seu comportamento e sua vida acadêmica.

A JRE reconhece as necessidades de aprendizado dos alunos e a importância da instrução que promove o envolvimento ativo de todos os educandos. Inspirados no trabalho de Paulo Freire, os professores da JRE resistem ao modelo pedagógico que considera os alunos como recebedores passivos do conhecimento do professor. Ao invés disso, os conhecimentos e experiências anteriores de todos os educandos são considerados valiosos para o aprendizado.[13] Eles aprendem dentro de sua zona de desenvolvimento proximal[14] e a instrução é diferenciada segundo conteúdo, processo, produto, afeto e ambiente.[15] Partindo do reconhecimento de que todos os alunos contribuem com seu valor à sala de aula, a estrutura da JRE busca cuidar das necessidades subjacentes de cada aluno nos âmbitos social, emocional e acadêmico.

Tratar das injustiças explicitamente

À medida que cresce a diversidade nas escolas, aumenta a consciência de que é preciso implementar uma pedagogia sensível à cultura.[16] Infelizmente, as iniciativas que promovem competência cultural, ensino intercultural e pedagogia multicultural muitas vezes se limitam à discussão de alimentos, vestimentas e dança. Além disso, se restringem a certos meses do ano escolar, ou a aspectos específicos do programa. Como advertem Paul Gorski e Katy Swalwell, "eventos isolados que tratam de diversidade podem evitar ou camuflar sérios problemas de equidade".[17]

Não podemos simplesmente acolher e valorizar a diversidade sem reconhecer que muitos alunos que não vivem a experiência majoritária dominante sofrem discriminação e marginalização diariamente. Por exemplo, e como observamos anteriormente, as estatísticas disciplinares ao longo dos últimos 40 anos revelam grande disparidade entre alunos brancos e alunos de cor. Mesmo as políticas disciplinares mais centradas nos alunos frequentemente colocam o foco em ajudá-los a se tornarem mais semelhantes à maioria dominante, ao invés de tratar de preconceitos implícitos que muitas vezes estão embutidos no programa e nas práticas escolares. As disparidades aparecem também nas vagas que se abrem para matérias avançadas e classes de honra*. Os alunos brancos têm mais chance de acesso a essas aulas do que os alunos de cor.[18]

Quando as escolas e salas de aula perpetuam a discriminação racial ou étnica, seja intencionalmente ou não, é de esperar que alguns alunos se sintam desconectados, excluídos e se comportem de modo desafiador. A JRE prioriza a justiça e a equidade para que:

- Os vulneráveis recebam cuidados;
- Os marginalizados sejam incluídos;
- A dignidade e a humanidade de cada pessoa do ambiente educacional sejam importantes e
- As necessidades de todos sejam ouvidas e atendidas.[19]

Uma escola que de fato abraça a JRE adota medidas concretas para tratar dos problemas de discriminação implícita e preconceito.[20]

---

* Classes especiais para alunos avançados em relação à sua turma. [N. da T.]

MEDIDAS CONCRETAS PARA CRIAR AMBIENTES DE APRENDIZADO JUSTOS E EQUITATIVOS

Volte ao destaque no início deste capítulo e reflita sobre as palavras e imagens que você relacionou à justiça e à equidade. Essas imagens mudaram depois de ler este capítulo? As imagens que utilizamos para representar a justiça e a equidade terão impacto sobre o tipo de decisões que faremos na escola. O desejo de criar ambientes de aprendizado mais justos e equitativos deve ser acompanhado por ação. A seguir, duas áreas onde se podem adotar medidas concretas.

Pedagogia culturalmente inclusiva

Um modo de viabilizar a promoção de justiça e equidade é nas decisões sobre programa de ensino e pedagogia. Como observamos antes, muitos recursos pedagógicos estão associados a um ensino mais sensível à cultura.[21] Nas escolas onde se adota a JRE, as decisões curriculares são feitas de modo a valorizar e respeitar todas as pessoas, independente de raça, etnia, linguagem, gênero, orientação sexual, renda ou habilidades. Eis algumas sugestões:

- Ao escolher livros, procure autores com origens e históricos diversos e que trazem uma ampla gama de experiências.
- Cuide para que a literatura escolhida para as crianças e jovens reflita a diversidade presente na escola e apresente personagens que se parecem, falam e vivem como eles.
- Use recursos e textos que mostrem injustiças históricas e que salientem a experiência e o valor daqueles que foram desprezados. Por exemplo, nas aulas de história não se deve apenas tratar da forma como os índios foram dizimados, mas também salientar sua sabedoria e contribuições no passado e no presente.

- Poesia e literatura devem apresentar exemplos de autores diversos e não apenas os europeus.

Além dos textos e materiais, o ambiente da sala de aula também cria oportunidades para promover justiça e equidade. Às vezes professores e administradores podem deixar de ver o hiato que existe entre sua própria experiência e a de seus alunos. Reflita sobre o que segue:

- Pense nos **exemplos e problemas** utilizados em aulas de matemática e ciências. Eles são relevantes para a experiência vivida por todos os alunos, ou presumem coisas com base na visão da maioria? Por exemplo, um professor pode fazer referência explícita a descobertas feitas por mulheres nas áreas de ciência, tecnologia, engenharia e matemática a fim de promover a igualdade de gênero.
- Pense sobre as **palavras que usamos**. Como é fácil perpetuar pressupostos sobre casamento e relacionamentos sem lembrar que algumas crianças vivem com tios ou tias, duas mães ou pais adotivos ou substitutos. Uma professora na Virgínia se refere aos "adultos" de seus alunos, em vez de seus "pais", pois procura ser mais inclusiva no tocante às várias configurações familiares.
- Pense nas **questões de equidade** relacionadas à diversidade religiosa. Se você celebra os feriados religiosos de um grupo de alunos, então deve celebrar os feriados de todos os alunos. Montar uma árvore de Natal e cantar músicas natalinas é adequado se outros alunos, como Kali, que mencionamos no início deste capítulo, também puderem partilhar suas tradições e sentir que são valorizadas. Numa classe de JRE, por exemplo, a

professora da terceira série poderá representar outras tradições de inverno na decoração da sala de aula; ou os alunos podem se sentar em círculo e partilhar histórias sobre suas várias tradições festivas.

Plena participação de todos os membros da comunidade

Outra maneira de fomentar a justiça e a equidade em sala de aula e escolas é cuidar para que todos os membros da comunidade possam participar plenamente de eventos e atividades escolares. Os alunos que se sentem marginalizados muitas vezes se percebem excluídos do aprendizado e das interações sociais. Com frequência, têm poucos representantes nas classes de honra e representantes demais nas classes de reforço escolar; dificilmente as suas conquistas são reconhecidas e, em geral, abandonam a escola antes de completar o curso. Uma medida concreta que as escolas podem adotar é fazer uma auditoria de equidade interna e, a partir daí, tomar decisões sobre políticas para promover a justiça e a equidade.

> Muitos profissionais de JRE, como Anita Wadhwa do Restorative Justice Collaborative of Houston, estão preparando alunos para serem facilitadores de processos circulares. O que você poderia fazer para envolver os alunos no trabalho de JRE da sua escola?

Uma das maneiras em que a JRE promove plena participação de alunos é no caso daqueles que precisam de serviços pedagógicos especiais. Pesquisas sugerem que os alunos com necessidades especiais costumam ser suspensos ou expulsos muito mais do que os alunos não especiais. Para contrabalançar essa tendência, educadores como Leila Peterson[22] e Julie Camerata[23] estão tentando fundir JRE e pedagogia especializada de modo a reduzir a disciplina excludente para alunos com necessidades especiais e garantir que suas necessidades de aprendizado sejam plenamente atendidas. Além disso, Peterson e Camerata promovem participação plena criando espaços onde os alunos que recebem pedagogia especializada são convidados a participar das reuniões do Programa de Educação Individualizada, onde também podem contribuir com suas impressões sobre as decisões pedagógicas.[24]

Na JRE a participação equitativa não se limita aos alunos. Nas reuniões, todos os que têm interesse no assunto em pauta devem ser convidados e ouvidos. Por exemplo, convidam-se copeiras e faxineiros para participar das reuniões onde serão tomadas decisões sobre a escola. Os professores são incluídos quando a decisão for sobre programa e pedagogia. Prioriza-se o envolvimento de pais, cuidadores e membros da família de alunos, pois são membros importantes da comunidade de ensino.

RESUMO

A JRE nos leva a focalizar o valor, o bem-estar e a essência relacional do ser humano. Promove-se uma mudança proposital para nos afastarmos do individualismo e nos aproximarmos da interconexão e do cuidado mútuo pautado na justiça e na equidade.

5

NUTRINDO RELACIONAMENTOS SAUDÁVEIS

> Dedique 3 a 5 minutos para desenhar um mapa mental dos relacionamentos que você tem e que você afeta todos os dias. Use palavras ou figuras. Comece por se colocar no centro da página. A partir daí crie uma teia identificando todas as pessoas com quem tem contato direto e regular na escola. Em seguida, nomeie os lugares onde você trabalha e vive. Por fim, escolha uma ou duas palavras que descrevam o que você sente ao relacionar-se com essas pessoas e lugares.

A complexidade e o alcance dos relacionamentos que acontecem na escola são estarrecedores. Quando as crenças e os valores dos educadores estão alinhados com os da justiça restaurativa na educação (JRE), os relacionamentos ficam muito evidentes, como também a percepção de que sua qualidade molda a cultura escolar e a habilidade de aprendizado dos alunos. Assim, nutrir relacionamentos saudáveis é elemento fundamental para ambientes de aprendizado justos e equitativos, e também para tratar de males e conflitos.

As histórias abaixo ilustram a abrangência dos relacionamentos e como nutri-los – desde o interpessoal até o social, do mais óbvio ao mais sutil:

- Cada vez que Alys entra na sala dos professores e vê que Clare está lá, sente-se ansiosa e inadequada, pois Clare sempre faz comentários sobre seus alunos dizendo que são muito agitados. Usando os princípios da JRE, que ela incentiva seus alunos a usarem, Alys reúne coragem para conversar com Clare. A conversa não foi fácil, mas ajudou. Com esta experiência, Alys percebe que os diálogos podem ser positivos ou adversariais, conforme as nuances que o caracterizam.
- Ken se surpreende com as mensagens embutidas no programa de matemática. Ele quer que seus alunos compreendam o mundo das finanças para que tenham bem-estar pessoal e social, mas ao ler o enunciado dos problemas, descobre que há uma ênfase insistente no "poder de compra" do indivíduo e pouco respeito pelas preocupações de pessoas marginalizadas pela pobreza. Ele começa uma revisão das atividades a fim de legitimar o valor e a interconexão de todos.
- Trevor vai à secretaria para buscar um papel de justificativa de atraso, que permitirá a ele entrar na aula do primeiro ano. Ele fica na pontinha dos pés e mal alcança a campainha. Espera em silêncio e ouve uma voz que pergunta o que ele precisa. Depois que vai embora, a Sra. Cortes imagina como se sentiria se fosse Trevor. Ela está feliz, pois já há planos para adaptar o balcão e os espaços da secretaria para que seja mais acessível aos pequenos.

O DESAFIO DO CONTEXTO ATUAL

Muitas vezes presumimos que sabemos manter relacionamentos saudáveis – é como respirar. Contudo, nas sociedades ocidentais, onde os indivíduos em geral estão desconectados de sua comunidade, a "respiração" se torna difícil, dolorosa e rasa, pois a necessidade inata de pertencimento está prejudicada. O resultado são níveis crescentes de ansiedade e outros diagnósticos de doença mental, que acabam agravando conflitos interpessoais e sociais, aumentando os índices de evasão de alunos e professores, e expulsões e suspensões recorrentes. Os educadores vêm notando e lutando para responder a essas necessidades, e pesquisas recentes identificaram diagnósticos de estresse tóxico em cada vez mais crianças e jovens de todos os contextos socioculturais, que lutam para se vincular e construir laços de confiança com seus pais, professores ou tutores. Apesar de suas boas intenções, esses responsáveis por cuidar de crianças e jovens, muitas vezes estão, eles mesmos, desconectados e preocupados, presos a estilos de vida agitados e sem saber como atender às necessidades das crianças.[1]

A JRE é uma resposta relevante no contexto de uma sociedade desconectada. Os relacionamentos saudáveis, caracterizados por vínculo e pertencimento, são elemento fundamental para o bem-estar. A JRE enfatiza de modo especial a **dependência mútua**, e não a independência. Para que os relacionamentos se tornem mutuamente benéficos, ou seja, **interdependentes**, é preciso ter consciência daquilo que configura um relacionamento de qualidade.

Identificar relacionamentos de qualidade

Os relacionamentos saudáveis são cultivados quando as pessoas se comunicam de modo respeitoso e partilham o poder a fim de permitir que as necessidades individuais e coletivas sejam atendidas. A comunicação respeitosa acontece quando as pessoas levam em conta o fato de as mensagens enviadas e recebidas terem um impacto sobre o senso de valor e o bem-estar do outro. Ela estimula as pessoas a manifestarem seu melhor lado mesmo em circunstâncias desafiadoras. Isso se torna viável quando reconhecemos o papel desempenhado pelo poder. Em si, o poder não é bom nem mau. Mas a forma como o poder é usado terá impacto sobre a saúde dos relacionamentos.[2] Quando o poder é utilizado para servir a fins egoístas, os relacionamentos enfraquecem porque, nesse caso, os outros estão sendo usados como objetos para aumentar o bem-estar ou o sucesso daquele que exerce o poder dessa maneira. As perguntas apresentadas no Capítulo 3 – Estou medindo? Estou legitimando? Que mensagem estou passando? – ajudam a revelar o impacto do poder nos relacionamentos. Quando meço os outros, estou passando a mensagem de que há um desequilíbrio de poder e um tem **poder sobre** o outro. Quando legitimo os outros, passo a mensagem de que estou disposto a partilhar o **poder com** o outro. Se conscientemente refletirmos sobre as mensagens que enviamos quando nos comunicamos, estaremos alertas à possibilidade de um desequilíbrio do poder.

As instituições de ensino foram concebidas para serem hierárquicas. Nas escolas, as pessoas muitas vezes vivenciam ou se envolvem com o poder de modo desequilibrado. Quando sentem que são obrigadas a se submeter ao poder de outro, é comum que resistam e tentem exercer seu próprio poder, seja sutil ou abertamente. Outra possibilidade é que simplesmente obedeçam ao poder superior e neguem seu próprio valor. Pelo fato de que toda ação resulta em uma interação, a JRE procura cuidar para que o poder seja empregado de modo a nutrir o bem-estar. A Matriz de Relacionamento[3] ilustra isso (Figura 5.1).

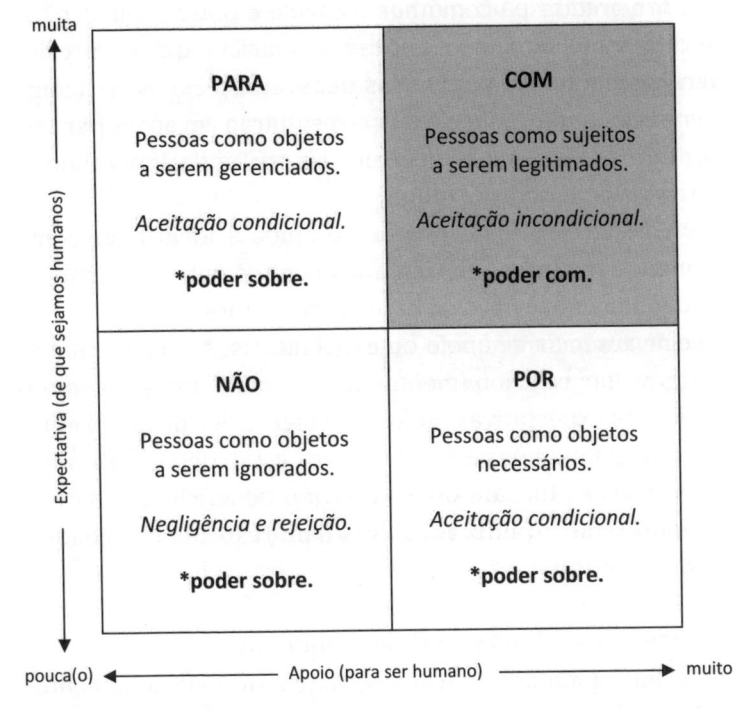

	PARA	COM
muita ↑	Pessoas como objetos a serem gerenciados. *Aceitação condicional.* *poder sobre.	Pessoas como sujeitos a serem legitimados. *Aceitação incondicional.* *poder com.
Expectativa (de que sejamos humanos)	**NÃO** Pessoas como objetos a serem ignorados. *Negligência e rejeição.* *poder sobre.	**POR** Pessoas como objetos necessários. *Aceitação condicional.* *poder sobre.
↓ pouca(o)	← Apoio (para ser humano) →	muito

Figura 5.1: Matriz de Relacionamento (poder sobre – poder com)

O poder se concretiza no **apoio** e nas **expectativas** que as pessoas têm em relação à humanidade do outro (seu valor e interconexão), como se vê nos eixos horizontal e vertical. Quando as pessoas oferecem apoio e expectativas de modo equilibrado, recíproco, o poder está sendo usado construtivamente, está disponível a todos os envolvidos e, como resultado, todos se engajam **com** os demais. No entanto, o poder passa a destruir os relacionamentos se for visto como um produto desejável e limitado. Pelo fato de todos sentirem necessidade de pertencimento, o ato de fazer coisas para pertencer se torna uma competição. Os que se sentem sem poder farão o que for preciso para ganhar controle e obter aceitação, ou se retrairão, enquanto os poderosos farão o que for preciso para se manter no poder. Nas duas situações, os relacionamentos de **poder sobre** o outro resultarão em ações **para** ou **por** outros, ou ainda, num nível mais profundo, ignorando os outros completamente (**não**).

A Matriz de Relacionamento ajuda a identificar como somos quando nos relacionamos com os outros. Quando o relacionamento é novo ou se torna conflituoso, a matriz pode revelar ausência de apoio ou expectativas. Ao usar a matriz para avaliar relacionamentos fortes, podemos ver como o apoio e as expectativas podem ser oferecidos de modo equilibrado. Quando os relacionamentos estão desequilibrados, as pessoas se tornam objetos para o benefício dos outros. Quando estão equilibrados, irradiam respeito, dignidade e cuidado mútuo.

Aplicar a Matriz de Relacionamento

Como pode ser aplicada a Matriz de Relacionamento? Reflita sobre os seguintes exemplos:

- COM – Chris, professora da quarta série, reconhece que está em uma posição de poder como educadora e que poderia usar esse poder para diminuir ou nutrir o valor de alunos, colegas e pais. Como professora comprometida com a JRE, ela almeja oferecer muito apoio e esperar muito dos outros. Ela trabalha **com** seus alunos, portanto, aprender e ensinar são recíprocos. Quando a classe apresenta dificuldades persistentes em determinada tarefa, e ela não consegue identificar a causa, reúne os alunos num círculo de conversa (descrito adiante) onde cada um é convidado a responder à seguinte pergunta:

"O que está acontecendo para que tenham dificuldade de se concentrarem na tarefa?". Eles contam que a tarefa é muito semelhante à que faziam na terceira série. Chris fica impressionada com suas ideias quando ela pergunta: "O que faremos a esse respeito?". Ao **legitimá-los** como seres humanos em crescimento e que reagem ao seu contexto, Chris os torna responsáveis e os apoia de modo colaborativo. Ela não tenta controlá-los, mas os envolve na solução.

- PARA – Chris também sabe o que é fazer coisas **para** conseguir algo de seus alunos, e se sente desconfortável ao lembrar. Na semana passada, ela proibiu dois alunos de saírem para o recreio e os fez terminar uma tarefa. Depois foi tomar café. Estava cansada e frustrada demais para perguntar por que não tinham completado a lição no tempo dado. Ela se lembra também do quadro de cortiça onde colocava estrelas para os alunos produtivos, humilhando assim os que estavam lutando para se manter na média. Nos dois casos, suas expectativas em relação aos alunos eram superiores ao apoio que dava a eles. Muitas vezes ela tem a tentação de usar o **poder sobre** os alunos a fim de controlar seu comportamento. Quando os alunos obedecem, ela é vista como competente. Ensinar seria tão mais fácil se os alunos fossem robôs que fazem o que são programados para fazer!
- POR – Chris se lembra também do tempo em que oferecia muito apoio, mas tinha baixa expectativa em relação aos alunos. Os pais eram pessoas com empregos importantes e ela se sentia intimidada, portanto, fazia tudo **por** eles. Quando repetidas vezes chegavam atrasados ou não participavam da aula, ela aceitava suas

desculpas e trabalhava com eles até que terminassem a lição, comunicando-se de modo amigável. Ela sabe que tentava ser amiga deles em seu próprio benefício. Quando se permite ser honesta consigo mesma, percebe que tem bem menos paciência com os alunos que vivem em abrigos ou com pais de baixa renda.
- NÃO – Chris também sabe o que é **não** se envolver com os alunos. Em outro ano, estava exausta e estafada. Era preciso usar toda sua energia só para acordar de manhã e ir trabalhar. Ela mal se lembra dos alunos dessa turma e percebe que ofereceu muito pouco apoio e tinha poucas expectativas em relação a eles. Criou atividades simples demais para poder ficar sentada enquanto eles trabalhavam. Estava no modo sobrevivência e, na verdade, quem precisava de ajuda era ela.

A experiência de Chris mostra que é possível para uma mesma pessoa estar em quadrantes diferentes conforme as circunstâncias. Embora as descrições sejam bastante diretas ao demonstrar o processo de reflexão crítica, a realidade em geral é mais complexa. Partilhar o poder de modo equilibrado é difícil porque os relacionamentos estão sempre mudando. Mas esse crescimento é belo, como se vê do primeiro exemplo, quando Chris partilha o **poder com** seus alunos, que ganham autoconfiança. Eles perceberam que seu ponto de vista é importante.

> Pense em épocas nas quais você manteve relacionamentos que se enquadrariam em cada um dos quadrantes. O que você observa?

COMO A JRE VÊ E APOIA RELACIONAMENTOS SAUDÁVEIS NA EDUCAÇÃO

A JRE é fundamentalmente um meio para mudar a si mesmo, não um método para mudar os outros.[4] Isso diferencia a JRE de programas e abordagens que têm por objetivo modificar o comportamento de crianças e jovens. O foco em si mesmo pode ser uma surpresa, caso o educador entenda que a tarefa básica da educação é mudar o comportamento dos outros. No entanto, partindo da crença de que as pessoas têm valor e são interconectadas, os educadores restaurativos não procuram gerenciar seus alunos, mas se tornam facilitadores que criam espaços e oportunidades para que os alunos se envolvam no processo de aprendizado. Desse modo, a JRE cria atividades convidativas em que se incentiva o envolvimento e não o controle.

> Preste atenção ao surgimento das expressões **gerenciamento da turma**, **controle da turma** ou **gerenciamento de comportamento** no seu contexto. Pergunte-se: Qual a intenção dessa terminologia? Ela estimula o **envolvimento** com os alunos ou o **controle**?

Reconheça que a mudança começa em você mesmo. A figura 5.2, Ondas de Relacionamento,[5] ilustra o escopo das interconexões do educador no contexto escolar. A JRE começa quando os adultos, que vivem relacionamentos de apoio, criam uma cultura onde todos – inclusive crianças, jovens e outras populações vulneráveis – são legitimados como seres de valor, que contribuem para a comunidade. Diagramas semelhantes devem ser criados ilustrando o ponto de vista de alunos, cuidadores, pessoal de apoio ou membros mais distantes da comunidade.

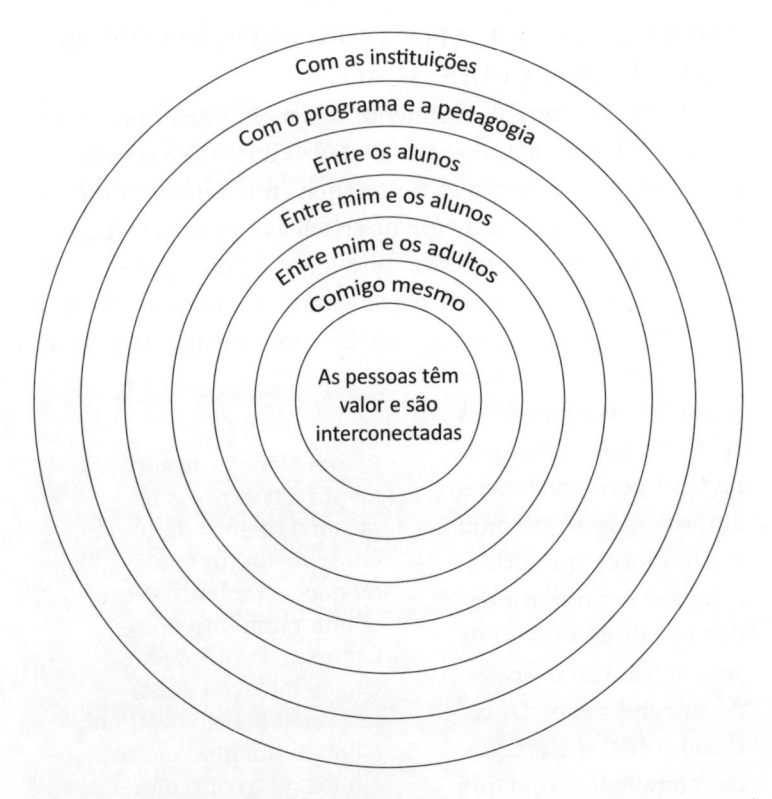

```
        Com as instituições
      Com o programa e a pedagogia
        Entre os alunos
       Entre mim e os alunos
       Entre mim e os adultos
         Comigo mesmo

        As pessoas têm
          valor e são
        interconectadas
```

Figura 5.2: Ondas de Relacionamento[6]

As ondas do relacionamento são como uma pedrinha que cai na água. Todos os relacionamentos sofrem o impacto de nossas crenças e valores, conscientes ou inconscientes. Eles são estáveis, até que nossa interação com nós mesmos e com os outros perturbe o bem-estar – nosso ou dos outros. Quando surge a perturbação, em geral repensamos nossos valores e crenças, ou renovamos o compromisso com eles. Assim, as ondas reverberam de dentro para fora a partir do centro, mas também podem retornar à medida que os encontros com outros acontecem. Somos indivíduos dentro de um contexto relacional onde afetamos e somos afetados pelos outros à nossa volta.

O relacionamento **consigo** mesmo é impactado por crenças e valores centrais, e este é um relacionamento muitas vezes ignorado ou no qual nem sequer pensamos. Quando nos conhecemos bem, é mais provável que nossa reação aos outros seja mais orientada por um equilíbrio entre apoio e expectativas. É muito importante ter autoimagem e autoestima positivas. Mas, quando estas qualidades são incentivadas perdendo de vista a crença de que todos têm valor e são relacionais, o resultado pode ser narcisismo e individualismo, que impedirão a formação de relacionamentos significativos. A JRE afirma que, para nutrir a interconectividade, precisamos nos ver valorizados e como partes que contribuem para os relacionamentos. Para alguns, é mais fácil adotar uma postura de autodepreciação do que de autoapreciação – por vários motivos. Quando isso acontece, as interações sofrem um impacto negativo. Podemos passar a não participar ativamente, ou interferir de modo a diminuir os outros, ou para inflar nosso próprio ego. Preocupações da mesma ordem estão presentes quando nos consideramos melhores e mais importantes que os outros.

> "Uma pessoa com *Ubuntu* está aberta e disponível aos outros, afirma os demais, não se sente ameaçada pelo fato de os outros serem capazes e bons, pois ele ou ela têm uma autoconfiança adequada, que nasce do conhecimento de que pertence a um todo maior, que diminui quando os outros são diminuídos e humilhados [...]."
> Desmond Tutu, 1999

Em seguida, é preciso olhar para nossos relacionamentos **com os adultos**. O clima escolar é muito influenciado pelo modo como os adultos se relacionam. Se temos um envolvimento autêntico com pares e colegas, servimos de modelo para crianças e jovens, que dessa forma aprendem o respeito, a dignidade e o cuidado mútuo pelo exemplo. Contudo, se tememos a rejeição (devido à necessidade inata de pertencimento), pode ser difícil apoiar e incentivar a responsabilidade de nossos pares. É preciso coragem, confiança e habilidade para tratar das questões difíceis, pois evitar os problemas pode parecer mais fácil.

> Como serão respeitados os professores substitutos se eles forem chamados de "professores convidados"? O que acontece quando você dedica alguns minutos para perguntar ao faxineiro da escola como ele está?

Se nos relacionarmos bem com nossos pares e conosco, é mais provável que nossa interação **com os alunos** seja boa. Por estarmos num papel de autoridade, de orientação, em relação a crianças e jovens (somos "maiores" que eles), é fácil lançar mão do **poder sobre** eles. Ao nos relacionarmos **com** eles no mesmo nível de respeito, dignidade e preocupação mútua que temos por nós mesmos e por outros adultos, esse envolvimento será caracterizado pela busca de seu bem-estar em primeiro lugar.

Como educadores que nutrem relacionamentos saudáveis, seremos mais eficazes em ajudar os alunos nos seus relacionamentos com pares e outros adultos. Como figuras de autoridade, ao olhar para os **relacionamentos entre alunos**, é fácil pensar que sabemos quais são seus problemas e como "consertá-los". Mas ao reconhecer nossas próprias dificuldades e perceber quão desafiadoras podem ser nossas próprias interações, é mais provável nos colocarmos como **companheiros de jornada** dos alunos em seus relacionamentos, ouvindo atentamente para lhes dar apoio e incentivar a responsabilidade.

À medida que cresce nossa consciência dos relacionamentos, acabamos por prestar mais atenção às mensagens que enviamos através dos **conteúdos programáticos e da pedagogia**. Percebemos que quem e o que for incluído ou omitido em termos de conteúdo terá sérias implicações para a percepção que os alunos têm dos outros. Programa e pedagogia moldarão a forma como os alunos aprendem a se relacionar com os outros na comunidade.

Por fim, nosso **relacionamento com a instituição** também acaba sendo impactado. As características físicas do prédio, as estruturas de governança, as políticas e os procedimentos de uma escola foram implantados e administrados por grupos de adultos com um objetivo comum. Por vezes o objetivo foi bem-intencionado, outras vezes foi motivado pelo desejo intencional de controlar (*e.g.*: colonialismo, supremacia branca, segregação). Mesmo quando a visão, a missão e o mandato institucionais decidem partilhar o poder, com o passar do tempo essas coisas podem se tornar vagas ou distorcidas. A dinâmica hierárquica do poder passa então a preferir assumir o controle a envolver os membros da comunidade para decidir as questões em jogo.

Independente de nosso papel dentro da escola, como adultos devemos reconhecer que podemos contribuir de modo positivo ou negativo com o funcionamento da escola pela simples lembrança de que a burocracia é criada por pessoas. Se ela for insatisfatória por algum motivo, será preciso que as pessoas a modifiquem. É fácil julgar e culpar o "sistema" quando algo vai mal. Contudo, quando estamos envolvidos no "sistema", podemos legitimá-lo defendendo mudanças que coloquem o bem-estar de todos no centro das prioridades.

As ondas de relacionamento (Figura 5.2) identificam a gama de relacionamentos no contexto educacional. Embora cada um esteja representado separadamente, em sua própria esfera, a realidade é muito mais complexa, pois os relacionamentos se intersectam, sobrepõem, crescem e mudam, constantemente influenciando-se uns aos outros. Ao apresentar a cultura escolar como uma série de ondas, a JRE enfatiza a necessidade de uma compreensão clara do modo como os relacionamentos educacionais são nutridos.

MEDIDAS CONCRETAS PARA CULTIVAR RELACIONAMENTOS SAUDÁVEIS

Para fomentar relacionamentos saudáveis a JRE lança mão de amplos recursos baseados em outras teorias (e.g.: teoria do cuidado, alfabetização socioemocional, ecologias do aprendizado, etc.). Contudo, qualquer abordagem, inclusive a JRE, pode causar maiores danos quando os envolvidos na sua implementação desconhecem suas crenças e valores fundamentais, ou as daqueles que criaram as abordagens a serem implementadas. Apesar de o discurso sobre relacionamentos ser bem difundido, relacionamentos autênticos podem ser facilmente cooptados por expectativas institucionais ou por interesses pessoais autocentrados. Assim, a primeira medida para nutrir relacionamentos saudáveis é justamente a proposta deste livro: conscientizar-se, aceitar, explicitar e colocar em ação as crenças e os valores centrais que sustentam a interconexão, o valor e o bem-estar de todos.

Surgiram duas abordagens baseadas na análise de crenças e valores centrais – os círculos de conversa e o saber como escutar e perguntar – que são especialmente relevantes para incentivar o crescimento de uma cultura escolar relacional. Esperamos que essas abordagens abram caminho para reconhecer a miríade de outras formas de incentivar relacionamentos saudáveis.

Círculos de Conversa

Os círculos de conversa originaram-se nas culturas indígenas e são espaços criados intencionalmente para praticar, vivenciar e incorporar as crenças e os valores da JRE.

Do ponto de vista concreto, o grupo se senta em círculo e, com a orientação de um facilitador ou "guardião do círculo", discute tópicos previamente acordados de modo que todos ganham a oportunidade de partilhar. Um objeto significativo para o grupo (*e.g.*: uma pedra, uma planta, um brinquedo de pelúcia, etc.), em geral chamado de "bastão de fala", é passado de uma pessoa para a outra ao seu lado, dando a volta no círculo e indicando de quem é a vez de falar. A pessoa que recebe o bastão pode partilhar sua visão, passar o bastão sem falar nada, ou se manter em silêncio. O círculo, que não tem começo nem fim, ilustra de modo simbólico que todos os presentes são valorizados como significativos, e que as percepções partilhadas são respeitadas dentro desse espaço.

O papel do facilitador ou guardião do círculo é o de convidar as pessoas a entrarem no círculo, organizar o espaço, abrir a sessão do círculo, apresentar as orientações para a realização do círculo e o assunto a ser discutido, manter a conversa no foco e encerrar o círculo.

Embora o processo pareça simples – e de fato seja simples o suficiente para que crianças bem jovens consigam facilitar círculos entre pares – é também intrincado e complexo. Carolyn Boyes-Watson e Kay Pranis mostram como as conversas circulares são muito mais do que colocar as cadeiras em círculo: "Estamos praticando comportamentos fundamentais para ter sucesso no convívio."[7] Dentro do círculo as ideias e necessidades individuais e coletivas estão juntas dentro do mesmo espaço. Ao dar aos participantes uma oportunidade cerimonial de escutarem e serem escutados, a confiança mútua acaba sendo desenvolvida. Com o tempo, essa confiança e prática de escutar e falar se transfere para os relacionamentos fora do círculo, impactando positivamente o modo com as pessoas se relacionam.

No ambiente escolar, os círculos de conversa podem assumir várias formas:

- Podem ser rápidos, curtos e leves, como forma de conhecer melhor os colegas e legitimar a presença dos outros (e.g.: em reuniões de professores, reuniões de classe, ou de comitês).
- Podem ser um espaço para os adultos contribuírem com perspectivas sobre suas responsabilidades de trabalho em uma reunião, ou para os alunos contribuírem com ideias sobre trabalhos escolares ou problemas sociais.
- Podem acontecer no final de uma reunião, aula, dia ou semana, quando todos partilham uma dúvida, ou algo que aprenderam, ou algo que farão antes da próxima reunião.
- Podem ser reuniões de classe que oferecem oportunidade para que todos contribuam dizendo como vivenciaram a semana que passou ou o que precisam para a semana seguinte.

- Podem explorar conteúdos curriculares de modo aprofundado, como questões de raça, privilégios, ou mudanças climáticas.
- Podem ser um espaço para processar a dor e o pesar quando um colega morre.
- Podem ser uma oportunidade para tratar de danos graves causados por um indivíduo a outro ou ao grupo como um todo.
- Podem ser usados como modo de reunir informações para programas de pedagogia individualizada a fim de dar voz a todos os que podem contribuir com suas percepções sobre as necessidades do aluno (inclusive o próprio aluno).

Há uma ampla gama de recursos para aprender como facilitar os círculos de conversa (veja página 119). Contudo, o aprendizado dentro de um círculo, de modo presencial, nos ajuda a entender as sutilezas. É importante notar que facilitar um círculo envolvendo um incidente grave é bastante desafiador e requer muito treinamento, experiência e apoio. Facilitar sem a devida formação pode acarretar ainda mais danos.

Quando os círculos de conversa se tornam a forma-chave de comunicação em salas de aula e escolas, a cultura se transforma e começa a legitimar a todos como valiosos e interconectados.

Aprender a escutar e a perguntar

Para uma comunicação eficaz, não basta saber o que "se deve" fazer. É preciso prática para aprender **como** escutar para compreender, em vez de escutar para responder, e **como** fazer perguntas abertas que geram diálogo autêntico. Cinco perguntas-chaves que constam de várias obras de justiça restaurativa são as seguintes:

- O que aconteceu/está acontecendo?
- O que eu estava/estou sentindo/pensando?
- Qual é a coisa mais difícil/melhor para mim?
- Quem será afetado por isso? De que modo?
- O que eu preciso (fazer) para seguir adiante?

Essas perguntas podem aprofundar o aprendizado, tratar de situações desafiadoras ou ser usadas para entender situações danosas. As respostas a essas questões contam a história do passado, presente e futuro. Num contexto grupal, ouvir as respostas dos outros ressalta a importância de perspectivas diferentes sobre o mesmo fato. Se fizermos as perguntas para nós mesmos, elas nos estimulam a olhar além do óbvio.

> Pense em como você se sente quando alguém pergunta por que você fez algo. "Por quê" em geral coloca as pessoas na defensiva e interrompe a comunicação. Observe o que acontece quando você para de perguntar "Por quê?" a alunos e colegas e, em vez disso, pergunta: "O que aconteceu?".

Três exemplos ilustram como as perguntas podem ser usadas em diferentes contextos:

- Durante uma aula de matemática sobre cálculo de probabilidades, o Prof. Blake usa um círculo de diagnóstico. Ele reúne pequenos grupos durante cinco minutos e convida os alunos a responderem a uma ou mais perguntas-chaves. O Prof. Blake nota que os alunos que entenderam os conceitos conseguem descrever o processo de como chegaram às respostas e aplicá-los à vida prática. Ele percebe que os alunos que não estão tão seguros ou que estão confusos conseguem dizer em que parte do processo estão empacados. Alguns identificam o ponto exato em que necessitam ajuda dos outros. Ele observa como a aula se torna relacional à medida que os alunos se envolvem com o raciocínio dos outros em vez de se apoiarem apenas na sua experiência ou na necessidade de uma resposta certa ou errada.

- Ao começar a planejar uma nova aula, a Prof.ª Slade se vê confusa e assoberbada pela tarefa. Ela para e dedica cinco minutos para dar uma volta lá fora. Ao caminhar, fala alto consigo mesma, respondendo às perguntas-chaves. Ao voltar, percebe que não tem clareza sobre o objetivo da aula, e sente que seus alunos com dificuldades de aprendizado ficarão perdidos. Ela então pesquisa os documentos do programa de ensino, procurando mais detalhes, e depois conversa com sua colega que deu essa aula no ano anterior. Antes de voltar para casa, ela já tem um plano melhor em formação.
- A Prof.ª Polet sempre tinha dificuldades para conversar informalmente com seus alunos. Agora ela percebeu que se aproxima dos alunos sem hesitação e começa uma conversa dizendo simplesmente: "Como foi sua manhã? O que aconteceu?" ou "Qual foi a melhor coisa de hoje até agora?". Ela fica espantada como os alunos se abrem, e isso permite a ela também partilhar coisas sobre como vai indo seu dia ou perguntar como eles estão se sentindo ou o que estão pensando.

Aprender a ouvir e a fazer perguntas é uma habilidade fundamental para nutrir os relacionamentos. A escuta atenta nos orientará sobre como e o que perguntar, e como e o que perguntamos orientará nossa escuta. O diálogo resultante abre oportunidades para colocar em prática as crenças e os valores essenciais.

RESUMO

Nutrir relacionamentos saudáveis é um componente vital da justiça restaurativa na educação. Quando essa habilidade é combinada com ambientes justos e equitativos, está preparado o cenário para tratar de situações em que as pessoas estão em conflito ou causam danos significativos umas às outras. No Capítulo 6 discutiremos a reparação dos males e a transformação de conflitos.

6
REPARANDO DANOS E TRANSFORMANDO CONFLITOS

> Pense em uma ocasião na qual você sofreu um dano. Naquele momento, o que você precisava que os outros fizessem? Liste algumas ideias. Agora pense numa ocasião em que você causou danos a alguém. Naquele momento, o que você precisava que os outros fizessem? Liste algumas ideias. Olhe para as duas listas. O que você observa? Você está atendendo a essas mesmas necessidades de seus alunos? Seus colegas? Você mesmo?

Dada a prioridade dos relacionamentos para as iniciativas de justiça restaurativa na educação (JRE), é fundamental nutrir relacionamentos e trabalhar para recuperá-los quando ficam comprometidos. Mesmo nossos melhores esforços para cultivar relacionamentos saudáveis podem, ainda assim, resultar em conflitos e danos. Como consequência, estes nos deixam necessidades não atendidas – de reparação, de esperança, de autonomia e de pertencimento. Só é possível nutrir relacionamentos de modo saudável quando levamos em conta aquilo que precisamos e que os outros precisam quando os relacionamentos estão rompidos.

Reflita sobre as seguintes situações:
- Jolee está sentada no banheiro, se olhando no espelho. Ela gostaria de ter a mesma aparência das outras meninas da classe. Lágrimas escorrem pelo seu rosto enquanto ela se lembra das palavras grosseiras e duras que as meninas lhe dirigem, sem piedade. Elas a atormentam o tempo todo e ninguém, nem mesmo a professora, jamais as mandou parar. Parece que não há ninguém que possa defendê-la, ninguém a quem possa pedir ajuda.
- Este ano Braden esteve suspenso por um total de 48 dias.* A maioria das suspensões foi por ordem do Prof. Marks, de ciências. Braden sente que o professor procura maneiras de colocá-lo em apuros. Não entende por que Marks o detesta tanto, nem por que tudo o que ele fez na aula estava errado.
- O Prof. Marks trabalha incansavelmente para oferecer atividades instrutivas e envolventes para seus alunos. A maioria parece apreciar seus esforços e ocasionalmente alguns expressam gratidão por ele ser um professor tão amigo. Mas Braden é diferente. Raramente participa e parece procurar um jeito de não fazer nada. O professor não entende por que Braden o odeia tanto e se nega a ter interesse por ciências.

Os recortes acima ressaltam a natureza complexa dos relacionamentos e nos convidam a pensar sobre o que é necessário em cada uma das situações para chegar ao restabelecimento e à transformação.

---

* Modalidade de suspensão cumprida dentro da escola, numa sala especial, com apoio para problemas emocionais, de aprendizado etc. [N. da T.]

DEFINIÇÃO DE DANO E DE CONFLITO

Dano é mais do que uma lesão física ou emocional. É qualquer coisa que solapa a dignidade pessoal ou minimiza seu valor. O dano não precisa ser provocado intencionalmente. É possível causar dano através de ações ou comentários que consideramos inócuos.

Da mesma forma, o **conflito** é mais do que um desacordo entre duas pessoas. O conflito é uma interação relacional. Quando nos envolvemos num conflito, estamos reconhecendo aquele relacionamento. É possível discordar de alguém, mas se não reconhecemos o relacionamento com aquela pessoa (*i.e.*, não temos respeito mútuo), isso não passa de um desentendimento, não é necessariamente um conflito. O conflito emerge dentro das relações quando o desacordo tem possíveis implicações para o relacionamento.

O exemplo de Braden e do Prof. Marks ilustra a possibilidade de que tanto aluno como professor estejam sofrendo danos. Cada vez que Braden vai para a sala de suspensão, ele confirma sua crença de que o professor o persegue. Parece um ataque pessoal à sua dignidade, que perpetua um senso de injustiça e diminui as chances de ele gostar de ciências. Por outro lado, cada vez que Braden mostra desinteresse na aula, o professor recebe a mensagem de que aquele aluno não quer aprender ciências, e talvez leve para o lado pessoal, percebendo aquilo como um ataque à sua dignidade.

Tanto alunos como professores podem ir a extremos para proteger seu senso de dignidade e evitar sentirem-se ofendidos pelo outro. Os alunos podem agredir os professores ou evitar as aulas. Os professores podem ignorar os alunos ou encontrar maneiras de excluí-los através de suspensões e expulsões. Será que esses ciclos poderiam ser transformados em relacionamentos de respeito mútuo?

Um pouco sobre disciplina escolar e comportamento estudantil

Este capítulo é sobre danos e conflitos, não sobre o comportamento estudantil. Mesmo no escopo das abordagens de JRE, muitas vezes o foco fica limitado a tentar "consertar" o comportamento dos alunos, enquanto se ignora o contexto do qual esse comportamento emerge. Pense na imagem com a qual abrimos este livro. Quando as flores não desabrocham no canteiro do jardim, nossa reação imediata não é culpar a flor. Por exemplo, ao ver um aluno agredir verbalmente um professor e ser desrespeitoso, logo chamamos a isso de **mau comportamento**. Definir essas ações como mau comportamento nos permite considerar a ação em separado de seu contexto. Do ponto de vista da JRE, palavras raivosas ou desrespeito são a externalização de **reações**. O comportamento nasce em algum lugar – tem um contexto. Pode ser que o aluno esteja frustrado com seu desempenho acadêmico e sinta vergonha dessa falta de capacidade. Pode ser que o professor inadvertidamente tenha dito algo que lhe pareceu insultante. Há inúmeras possibilidades. A JRE presume que há motivos para as reações dos alunos e intencionalmente cria espaços onde essas motivações podem ser descobertas. Simplesmente tratar do comportamento do aluno sem tratar do contexto é um curso de ação que está fadado ao insucesso.

A JRE leva o foco para além do incidente e o coloca no contexto. O evento isolado é importante porque abre as portas para considerarmos a saúde do contexto, mas, se nos limitarmos a cuidar apenas do incidente, na realidade não estaremos resolvendo o dano.

Há vários livros ótimos sobre disciplina escolar que utilizam as lentes sobre as quais escrevemos. Por exemplo, *Disciplina Restaurativa para Escolas*, de Lorraine Stutzman

Amstutz e Judy H. Mullet, que cobre amplamente a disciplina restaurativa como alternativa a abordagens punitivas para o tratamento de comportamento estudantil, e ao mesmo tempo reconhece a importância de mudar a cultura da escola (para outros recursos, veja a página 119).

Compreender o dano

Ao contrário do sistema jurídico vigente, a justiça restaurativa define o crime e o conflito como "violação de pessoas e relacionamentos" em vez de uma violação da lei ou das regras. A JR procura perguntar um conjunto diferente de perguntas. Ao invés de "Quem infringiu a lei?" e "Que castigo merece?", a JR quer saber "quem sofreu dano", "quais são suas necessidades decorrentes do dano" e "quem tem obrigação de atender a essas necessidades".[1]

Em escolas e salas de aula, com frequência relevamos os danos que não estão explicitamente enunciados no código disciplinar. Por exemplo, considere a experiência de Zach na escola. Por causa dos óculos de lentes grossas que lhe permitem ler melhor, ele sofre gozações desde que entrou no ensino médio. Quando decidiu que já tinha aguentado demais e empurrou um outro aluno, foi suspenso por cinco dias em virtude de ter violado o código disciplinar. Mas será que as gozações que sofreu não eram também uma "violação de pessoas e relacionamentos"? Será que isso não deveria ser considerado um tipo de dano? Num ambiente em que a JRE está implementada, os danos, necessidades e obrigações de cada pessoa envolvida na situação teriam de ser tratados, criando um resultado mais justo para todos os envolvidos.

O dano também se estende para além dos relacionamentos interpessoais. Por exemplo, Billy tem dificuldade de leitura, mas devido à limitação da quantidade de alunos que podem receber apoio pedagógico especial, ele não acompanha a turma. A cada dia, ele chega à escola sem base suficiente de leitura que lhe permita acompanhar as matérias do programa. Um dia seu professor de história, Sr. Omari, se irritou com ele porque não conseguiu terminar as lições sozinho. Percebendo a frustração do Prof. Omari, Billy gritou com ele, foi mandado para a secretaria e então suspenso por três dias. Nessa situação, quem foi prejudicado? Quem teve sua dignidade violada? Quem foi responsável por criar o dano? Qual a responsabilidade do sistema por causar danos? Como esse incidente evidencia injustiças estruturais que precisam ser resolvidas?

> Todos nós já fomos prejudicados pelo "sistema". Pense em uma ocasião quando a fonte de sua própria dor não foi uma pessoa, mas algo mais estrutural.

Que tipo de dano é causado por outras políticas sistêmicas – como um excesso de confiança nos testes padronizados, políticas de imersão exclusivamente em inglês para alunos que estão aprendendo inglês, e políticas de tolerância zero – a professores, alunos e famílias?

Como discutimos no Capítulo 2, o começo dos anos 1990 trouxe as políticas de tolerância zero que serviram para impor suspensões obrigatórias para determinados comportamentos. Elas não são apenas ineficazes, mas em muitos casos também perpetuam os comportamentos que pretendem coibir, pois prejudicam ainda mais aquele que foi suspenso. Os alunos excluídos da escola têm pior desempenho acadêmico. Muitas vezes são rotulados ou tratados com menos respeito. Os sentimentos de terem sido injustiçados servem para aprofundar a perda de dignidade desses alunos, com frequência aumentando sua atitude desafiadora perante as figuras de autoridade.

Citando Carol Gilligan, Howard Zehr observa que aqueles considerados "ofensores" são, muitas vezes, pessoas que sofreram injustiças. Seu comportamento pode ser visto como uma tentativa de corrigir a injustiça. Não estamos tentando desculpar seu comportamento; pelo contrário, queremos compreender "o que aconteceu" para poder influenciar suas escolhas. A menos que tratemos as injustiças fundamentais (dando-lhes a oportunidade de passar por um processo de JR, por exemplo), acabaremos reforçando seu senso de injustiça. Segundo Ronnie Casella, alguns alunos conseguem "se recuperar depois de uma suspensão ou expulsão", mas alunos que "já vinham sendo negativamente afetados pela pobreza, racismo, fracasso acadêmico e outras realidades" vivenciam essa punição de modo diverso e precisam lutar para se recuperar.[2] Em um dos relatórios sobre o impacto das políticas de tolerância zero, a American Psychological Association concluiu que essas políticas não conseguiram tornar as escolas mais seguras e vão "contra tudo o que sabemos sobre desenvolvimento infantil".[3] Muitas vezes nossas políticas podem causar danos.

Trauma, estresse e pobreza também podem criar ciclos de dano no ambiente escolar, levando à redução da sensação de segurança e confiança, que impacta o aprendizado, os relacionamentos e o clima

> De que maneiras o trauma impactou sua própria vida? Dedique algum tempo a pesquisar um pouco sobre o trauma e pense em formas de criar uma cultura de informação sobre o trauma na sua escola.

na escola. Por exemplo, segundo pesquisas sobre experiências adversas na infância,[4] os alunos que vivenciam altos índices de experiências adversas frequentemente faltam muito às aulas, têm problemas de concentração e demonstram comportamentos impulsivos.

Comportamentos violentos e desafiadores são sintomas de traumas e outras injustiças. No livro *A Cura do Trauma*, Carolyn Yoder observa que o impacto do trauma pode ir desde comportamentos **contra si**, como o abuso de substâncias ou o suicídio, até comportamentos **contra os outros**, como agressividade ou atividades de alto risco. Outros sinais de trauma são: apatia, falta de empatia ou dificuldade de comunicação.[5] Pesquisas recentes sugerem que os efeitos de traumas históricos (*e.g.*: internatos de crianças aborígines retiradas de suas famílias, escravidão, genocídio) podem ser transmitidos geneticamente a futuras gerações.[6]

A boa nova é que as pesquisas mostram também que o impacto negativo do trauma pode ser neutralizado pelo cuidado e pelo apoio de um adulto significativo. Quando criamos ambientes de cuidado onde as necessidades dos alunos são atendidas, há esperança de restabelecimento dos relacionamentos bem como da dignidade, do senso de si e da resiliência. Em Walla Walla, Washington, por exemplo, a Lincoln High School reconheceu o impacto que o trauma, o conflito e o estresse estavam tendo sobre os alunos. A escola implementou uma abordagem de informação sobre o trauma com resultados drásticos. Caiu o número de alunos enviados para a secretaria e também o número de suspensões. Diminuiu o número de brigas, e mais alunos conseguiram se formar com melhores notas, além de mais alunos conseguirem entrar na faculdade.[7]

Compreender o conflito

Assim como o dano, muito já foi escrito sobre o conflito em ambientes educacionais. O campo da educação para a resolução de conflitos e a mediação entre pares têm ajudado a transformar muitos conflitos. A JRE contribui com mais outra dimensão. As escolas que adotam a JRE devem refletir sobre o papel da dignidade no cultivo de relacionamentos saudáveis. O objetivo é trabalhar o conflito de modo a fortalecer o senso individual de dignidade.

O conflito é inevitável dentro de qualquer relacionamento onde haja um senso de respeito mútuo. Quando emerge o conflito, a tendência é buscar uma solução. Nesse sentido, a qualificação profissional para resolução de conflitos nas escolas é importante. Muitos alunos (e, sem dúvida, muitos educadores) não estão preparados nem têm as habilidades necessárias para trabalhar o conflito de forma a criar resultados pacificadores.

Tente realizar o seguinte exercício: Pense num incidente de conflito. Quem eram as pessoas envolvidas?

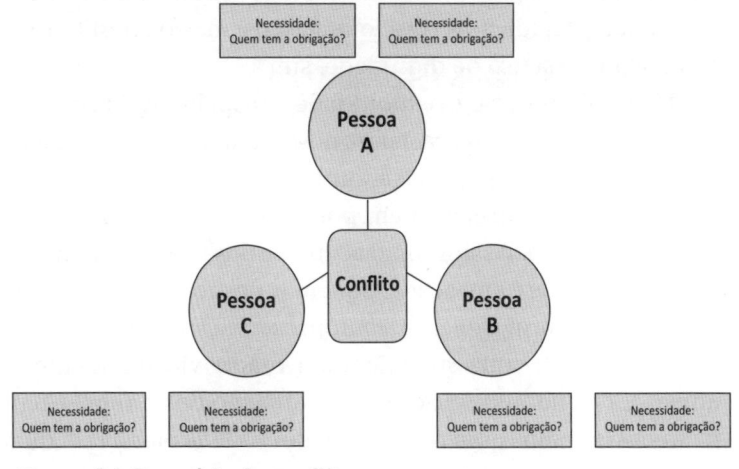

Figura 6.1: Exercício do conflito

Quem sofreu dano? Crie um diagrama como o da Figura 6.1. Inclua um círculo para cada pessoa impactada pelo conflito. Saindo do círculo, considere as necessidades advindas do dano por elas sofrido. Ao lado de cada necessidade, identifique quem seria capaz ou responsável por atender essa necessidade. Esse tipo de análise é um início para percebermos que o conflito é complexo e relacional.

A forma como as pessoas respondem ao conflito pode fortalecer ou prejudicar o relacionamento. A obtenção de resultados positivos para o conflito depende de conseguirmos manter nossa dignidade em meio à disputa. Como vimos no Capítulo 3, a dignidade está relacionada ao nosso senso de valor. Segundo Donna Hicks, renomada facilitadora de negociações internacionais, nosso senso de dignidade pode ser perturbado quando estamos envolvidos num conflito, e isso nos deixa vulneráveis, descontrolados ou desvalorizados. Ao criar espaços para tratar dos conflitos de modo a restaurar a dignidade, não apenas resolvemos o conflito, mas também o transformamos potencialmente em algo curativo. O conflito, em si, não prejudica os relacionamentos; mas o conflito que destrói nosso senso de dignidade, sim.[8]

Hicks distingue entre dignidade e respeito. A dignidade, segundo ela, é inata e caracteriza nossa humanidade. Podemos falar de alguém que precisa ganhar o nosso respeito, mas a dignidade não precisa nem pode ser adquirida. Ela simplesmente existe. Assim como acontece nos traumas, quando nossa dignidade é ameaçada, podemos nos tornar irracionais ao buscar a sobrevivência e a autopreservação. Isso pode nos levar a fugir de uma situação ou a reagir violentamente à ameaça, criando um ciclo de perpetuação dos danos. Com frequência vemos essa reação em alunos (e professores) que vivenciam o conflito como um ataque à sua dignidade.

A dignidade está relacionada ao valor, à honra. Quando tratamos os outros com dignidade, reconhecemos sua humanidade. Isso, em si, pode ser curativo para alguns. Quando somos tratados com dignidade conseguimos nos ligar aos outros de forma saudável, progredimos no ambiente acadêmico, falamos racionalmente sobre os conflitos – o que leva a melhores desfechos. Na próxima seção discutiremos as maneiras específicas que a JRE utiliza para tratar de conflitos e danos.

COMO A JRE TRATA O DANO E O CONFLITO

Howard Zehr define a JR como "um processo para envolver, tanto quanto possível, todos aqueles que têm interesse numa ofensa específica e, coletivamente, identificar e tratar os danos, necessidades e obrigações para curar e endireitar as coisas na medida do possível".[9] Reconhecendo a importância de oferecer uma "orientação para como conviver no dia a dia" das escolas, Lorraine Stutzman Amstutz e Judy Mullet acrescentam a seguinte definição:

> [A Justiça Restaurativa] promove valores e princípios que utilizam abordagens inclusivas e colaborativas à convivência. Essas abordagens legitimam as experiências e necessidades de todos da comunidade, em especial daqueles que foram marginalizados, oprimidos ou prejudicados. Essas abordagens nos permitem agir e reagir de modo a restabelecer o outro, em vez de alienar ou coagir.[10]

Portanto, ao adotar a JRE, estamos mais preocupados em conseguir que as pessoas recebam o que precisam (para que se restabeleçam e sintam que houve justiça) do que aquilo que merecem. Ao refletir sobre como a JRE nos ajuda a tratar de danos e conflitos, um princípio fundamental é o foco nas necessidades subjacentes.

Cuidar das necessidades de todos os envolvidos

A JR nasceu como resposta a um sistema judicial criminal no qual, com muita frequência, se ignoram as necessidades daqueles que foram prejudicados, já que o estado assume o papel da vítima. O mesmo acontece nas escolas. As políticas são concebidas para punir o aluno que desobedece às regras, muitas vezes sem considerar as necessidades da pessoa, ou pessoas, que foram afetadas pelo conflito ou dano. A JRE procura se assegurar de que, diante de um dano, as necessidades daqueles que foram afetados sejam atendidas de modo a restaurar o que foi danificado, seja seu senso de individualidade, um relacionamento, ou a esperança de que o ambiente escolar possa ser um ambiente seguro.

Retorne ao diagrama de análise do conflito que você preencheu (Figura 6.1). Pense nas necessidades que estão representadas pelos danos. Algumas delas poderiam ou deveriam ser atendidas no ambiente da sala de aula, outras não. Por vezes, os professores e funcionários da escola não estão equipados ou não possuem os recursos para atender as necessidades que os alunos trazem de fora, ou aquelas criadas na escola. Por exemplo, um aluno com nota muito alta no exame ACE* pode precisar mais do que apenas apoio dos educadores; talvez necessite de um terapeuta também. Contudo, os educadores podem e devem ajudar os alunos a encontrar e acessar apoio adequado encaminhando-os aos serviços disponíveis.

Da perspectiva da JRE, o cerne da reparação de danos é a preocupação com as necessidades de cada um dos envolvidos.

---

* Teste que mede as experiências adversas na infância, oriundo de um estudo abrangente chamado Adverse Childhood Experiences Study, que revelou uma ligação entre traumas infantis e doenças crônicas em adultos, bem como problemas sociais e emocionais. [N. da T.]

Corrigir os males

A JRE procura corrigir as coisas na medida do possível. O objetivo é consertar o que foi quebrado e restaurar o que foi danificado. Em alguns casos, "endireitar as coisas" significa restituição de bens materiais. Por exemplo: no caso de um aluno que vandaliza o carro de um professor por raiva e frustração, é preciso compreender o contexto – a que o aluno estava reagindo? Outra prioridade, contudo, é acertar a situação do professor. A pessoa que sofre um dano muitas vezes se sente impotente. Dar-lhe a oportunidade de tomar decisões sobre a reparação do dano permite reconquistar um senso de controle. No exemplo acima, se o professor pedir para que o aluno trabalhe para pagar pelos danos do carro, tanto o dano físico como a necessidade emocional de estabilidade seriam reparados.

Em outros casos, é mais difícil ver com clareza o caminho da reparação. Como recuperar a confiança depois que ela foi perdida? Como restaurar o senso de dignidade quando ele foi violado? Ou senso de valor? Estas são perguntas críticas que só podem ser respondidas no contexto da comunidade.

Dennis Sullivan e Larry Tifft sustentam que, quando as pessoas que causaram danos têm a oportunidade de corrigir o mal feito, isso cria a possibilidade de "transcenderem o roteiro" da identidade negativa, roteiro seguido por muitos dos que causam danos.[11] A oportunidade de corrigir os males é um modo mais eficaz de responsabilizar os alunos do que o recurso à mera punição.

Criar mecanismos de apoio para promover responsabilidade

A JR tem sido criticada por ser muito leniente e por permitir que os alunos não sejam castigados por comportamentos destrutivos. Seus oponentes temem que, se faltarem consequências suficientemente negativas para tais comportamentos, o resultado seja o caos e, em última instância, um prejuízo do aprendizado. Na verdade, a JR coloca grande ênfase na responsabilidade. Contudo, na JRE a responsabilização não corresponde a obrigar um indivíduo a assumir a responsabilidade por determinados comportamentos, como se ele fosse um recipiente passivo das decisões de outrem. Ao contrário, a JRE promove a responsabilidade perante a comunidade, oferecendo apoio ao indivíduo que assume a responsabilidade através de atos intencionais de reparação do que foi danificado ou violado. Em uma comunidade de JRE, todos são responsáveis em relação a um conjunto partilhado de expectativas e diante dos demais membros da comunidade. Além disso, dentro de uma estrutura de JRE, a responsabilização acontece no contexto de uma comunidade de apoio, algo que permite manter o senso de pertencimento e dignidade, mesmo quando a pessoa causou dano (veja a figura 5.1).

Imagine uma situação em que outros funcionários da escola ouçam um professor dando bronca em um colega de forma agressiva e humilhante. Em geral não há regras formais contra esse tipo de comportamento, de modo que este professor/professora não será responsabilizado. Dentro de uma comunidade de JRE, entretanto, haveria espaço para reconhecer esse comportamento como uma violação da dignidade do outro e uma oportunidade para responsabilizar o professor por manter um ambiente saudável de convívio no corpo docente. Além disso, os dois professores teriam a oportunidade de passar por algum tipo de processo restaurativo, como um círculo, para receber apoio de outros colegas enquanto resolvem seu conflito. Para tanto, a JRE vai além da mera restauração de relacionamentos, visando a sua transformação. A Federação de Professores de Escolas Secundárias de Ontário é líder em oferecer serviços de mediação nesse campo. Seus doze mediadores facilitam diálogos restaurativos para membros em conflito. Criada em 2001, os pedidos para processos restaurativos nesse modelo único crescem a cada ano. Há fortes evidências empíricas de que, quando essas reuniões saem do campo do "legalismo" para o campo dos relacionamentos, estes se fortalecem durante o processo, e os envolvidos relatam um sentimento de melhor conexão com a comunidade escolar. Os problemas tratados em mediação são resolvidos e não se tornam recorrentes.

Transformando conflitos

Transformação de conflitos significa lidar com a situação imediata e, **ao mesmo tempo**, promover a capacidade de fortalecimento dos relacionamentos. Sem o conflito, as necessidades costumam ficar desatendidas e o dano que isso causa não é reconhecido. Voltando à analogia da planta, os biólogos são unânimes em dizer que vento e chuva forte (aparentemente prejudiciais à planta) podem de fato fortalecer a raiz e o caule, promovendo resiliência.

O potencial transformativo do conflito é coerente com algumas das nossas melhores teorias sobre o aprendizado. Jean Piaget, psicólogo do desenvolvimento, construiu sua teoria pedagógica em torno dos conceitos de equilíbrio e desequilíbrio. Somente quando o aluno vivencia o desequilíbrio é que ele se adapta e constrói novo entendimento, ou revê ideias ultrapassadas. Da mesma forma, o aprendizado não acontece sem o conflito de ideias. Vejamos o exemplo de Ben, que sofreu *bullying* por parte de jogadores de futebol e desenvolveu uma percepção de que **todos** os futebolistas são malvados, violentos e agressivos. Jeffrey está no time de futebol da classe de Ben, e este automaticamente tomou antipatia pelo colega. Eles entraram em conflito na classe. Através de um processo de JRE, Ben ajustou sua percepção sobre jogadores de futebol. O conflito se tornou uma oportunidade de aprendizado.

Também John Dewey, filósofo da educação, nos fala do papel essencial do conflito na criação de novas ideias e da engenhosidade, dizendo que "O conflito é a isca do pensamento [...] o choque que ele promove nos tira daquela passividade de carneiros".[12] Dewey prossegue dizendo que nem sempre o conflito consegue isso, mas, se soubermos que ele é capaz de fazer surgir novos pensamentos, poderemos abraçar seu potencial transformador. Praticantes da JRE dão as boas-vindas ao conflito, por acreditar que, quando o conflito aflora, a comunidade pode trabalhar de modo colaborativo para resolver os problemas **da** comunidade **dentro** de si mesma.

> Pense em uma época na qual vivenciou um conflito e saiu dele mais forte, mais sábio e resiliente. Reflita sobre as coisas que permitiram seu crescimento como resultado do conflito.

Outra maneira que a JRE transforma o conflito é pela criação de oportunidades para construir habilidades socioemocionais, como a escuta empática, a autorregulação, a resolução de problemas e a visualização do conflito a partir de uma perspectiva mais geral. No livro *Processos Circulares de Construção de Paz*, Kay Pranis observa que a participação num círculo junto com outras pessoas permite que todos manifestem e pratiquem suas crenças e valores essenciais. Emergem valores como cultivar relacionamentos, legitimar a perspectiva do outro, ouvir respeitosamente e cada um falar sua própria verdade. Nossa experiência pessoal nos mostrou que os círculos são um lugar em que as transformações prosperam. Mas, para que as experiências transformativas aconteçam, é preciso voltar à nossa discussão sobre justiça e equidade.

Tratando de justiça e equidade

A JRE tem um compromisso firme com a criação de ambientes de aprendizado justos e equitativos. Além disso, resiste aos relacionamentos hierárquicos fundados no **poder sobre** em vez do **poder com**. Assim, a JRE trabalha em mais outra frente para reparar danos e transformar conflitos, ou seja, a reparação dos relacionamentos que foram danificados pela injustiça. Por exemplo, quando um professor sente que tem pouco poder de escolha em termos de programa e decisões pedagógicas, pode sentir essa falta de poder como uma injustiça. Ele então poderá tentar retificar tal injustiça apegando-se ao poder sobre seus alunos – mecanismo conhecido como *"bullying* em cascata".

Esse é um conceito que explica o seguinte fenômeno: quando uma pessoa acima de nós na hierarquia exerce o poder de maneira coercitiva, tendemos a procurar ter poder sobre alguma outra pessoa. Por vezes nos aferramos ao poder à custa de alguém com menos poder do que nós. Por exemplo: os administradores escolares podem se sentir impotentes diante das muitas leis, decretos e regulamentos, e buscam exercer poder pressionando os professores para obter notas mais altas nos exames nacionais. Os professores, por sua vez, sentindo falta de empoderamento, tentam exercer poder sobre seus alunos, que então atormentam outros alunos. Dentro deste modelo, o *bullying* se torna um fenômeno estrutural, que provavelmente não poderá ser erradicado através de programas de prevenção. A JRE procura restaurar o senso de protagonismo de administradores, professores e alunos para que cada um deles vivencie relacionamentos justos e equitativos. Dentro da estrutura da JRE, a reparação do dano e o "endireitar as coisas" são compreendidos como restauração do equilíbrio e do senso de harmonia e justiça. Isso requer o tratamento de injustiças que os grupos marginalizados experimentaram durante muitas gerações. A opressão e a injustiça precisam ser abordadas se realmente pretendemos reparar os danos e transformar os conflitos. Em seu trabalho sobre a resistência dos alunos ao aprendizado, Herbert Kohl[13] distingue entre os alunos que **não conseguem** aprender e aqueles que **não querem** aprender. Para alguns alunos o ato de "não aprender" é uma forma de resistir a um sistema que lhes parece injusto. As abordagens de JRE podem ser ineficazes até que se desenvolva uma consciência crítica sobre os impactos negativos de:

- Racismo,
- Preconceito de classe,
- Preconceito sexual,
- Homofobia,
- Colonialismo e
- Outras formas de opressão.

Segundo Denise Breton[14], escritora e diretora do Living Justice Press, a JR começa quando aqueles que cometeram erros reconhecem suas faltas, assumem a responsabilidade e começam a trabalhar para corrigir a situação. Ela prossegue revisitando a história da colonização da América do Norte e argumentando que não faz sentido "responsabilizar um indígena por posse de drogas ou furto de carro enquanto nós (como colonizadores) não nos responsabilizarmos por genocídio e roubo de todo o território dos índios, ou seja, um país inteiro". Se levarmos a JRE a sério, será preciso incluir o tratamento de males e conflitos históricos nesse esforço.

PASSOS CONCRETOS PARA REPARAR DANOS E TRANSFORMAR CONFLITOS

Para ser proativo na criação de um clima escolar onde se busca o bem-estar de **cada** membro da comunidade, é preciso que os facilitadores de JRE retornem continuamente às crenças centrais de interconexão, valor e bem-estar de todos os participantes. A seguir veremos modos específicos de como a escola pode construir essas crenças e começar a caminhar na direção do pleno potencial da JRE no âmbito da reparação de danos e transformação de conflitos.

Criar sistemas e estruturas para tratar de danos e conflitos

Criar apoios estruturais para a JRE é uma maneira de garantir que o tratamento dos danos e dos conflitos se torne parte da cultura escolar. Muitas escolas já têm programas de mediação entre pares, programas *antibullying* e programas de ensino socioemocional. Estes são ótimos pontos de partida para começar a ligar os princípios da JRE com estruturas já em funcionamento. Garantir acesso a recursos de apoio – seja na escola ou na comunidade do entorno – ajudará a atender as necessidades individuais. Por exemplo: determinada escola separou uma ala para serviços de apoio aos alunos. Ali foram alocadas as salas dos orientadores, da enfermaria, das aulas de reforço e plantão de dúvidas – tudo com fácil acesso para os alunos. Eles também sabiam que ali havia uma sala pequena destinada à resolução de conflitos. Voluntários treinados em JRE ficam à disposição duas vezes por semana para facilitar círculos ou conferências restaurativas.

Repensar sistemas disciplinares na escola

Os sistemas disciplinares da escola deveriam ser repensados de modo a apoiar os valores da JRE e não a criar danos secundários. Contínuas oportunidades de participar de processos circulares (*i.e.*, círculos de apoio e responsabilização, conferências de alunos e práticas de reintegração à comunidade escolar)[15] podem ajudar os alunos e os adultos que apresentam comportamentos mais desafiadores.

Suspensões e/ou expulsões devem ser utilizadas apenas em casos extremos ou graves, após avaliação caso a caso, e acompanhadas de um plano de reintegração. Círculos de conversa para reintegração são uma maneira não punitiva de reconstruir relacionamentos e oferecer apoio. Substituir as suspensões fora da escola por suspensões cumpridas dentro da escola pode ser uma opção melhor se a sala onde se cumpre a suspensão oferecer oportunidade para processos de JRE.

Essa sala poderia estar concebida como sala de apoio para alunos onde:

- Os facilitadores treinados em processos circulares (pares ou/e adultos) pudessem ajudar os alunos a trabalhar o conflito, ao mesmo tempo ensinando habilidades de resolução de problemas.
- Os conselheiros pudessem trabalhar com os alunos para desenvolver melhores habilidades sociais e emocionais.
- Fosse oferecido apoio pedagógico – devido ao reconhecimento da ligação entre fracasso acadêmico e comportamento.

- Os processos circulares pudessem dar oportunidade para que alunos e funcionários expressem suas frustrações e danos sofridos de um modo que leva à cura dos relacionamentos.

Além disso, seria interessante substituir o código de conduta estudantil da escola por algum tipo de acordo no qual todos os membros da comunidade – administradores, alunos, professores e funcionários – se comprometam com um conjunto de expectativas comuns em relação ao convívio. Em vez de os adultos responsabilizarem os alunos por coisas que eles mesmos não respeitam, um acordo comunitário passa a mensagem de que os adultos e os alunos estão igualmente comprometidos com valores restaurativos e de que se espera que vivam de acordo com esses valores.

Preparar facilitadores para tratar de danos graves

É preciso preparação e experiência para facilitar processos circulares nos casos de danos graves. Esses facilitadores devem estar bem treinados em trabalhar com conflitos, danos e traumas. Facilitar processos circulares ou conferências nesses casos não é tão simples, e não basta colocar as pessoas juntas numa sala e esperar que resolvam tudo na conversa. Sem ter aprendido a facilitar, sem saber preparar adequadamente os participantes com antecedência, há sério risco de criar um novo trauma e mais problemas.

Em nosso trabalho de implementação de práticas de JRE nas escolas, ouvimos muitas histórias de professores que tentaram facilitar processos circulares depois de terem tido um treinamento de algumas horas. Em dada ocasião, uma professora tentou reunir dois meninos que tinham brigado. Sem compreender o contexto da briga e sem se reunir com cada um deles separadamente, o resultado foi que um menino começou a agredir o outro durante o círculo, o que levou a maiores danos e a dúvidas quanto ao potencial da JRE para resolver conflitos. Em outra situação um aluno, acreditando que o círculo era um espaço seguro, começou a se abrir emocionalmente sobre algo muito pessoal. Um facilitador despreparado, desconfortável com a reação emocional, exerceu **poder sobre** o aluno interrompendo a fala dele e dando sugestões. O comportamento do facilitador violou a segurança do espaço e envergonhou o aluno na frente de seus colegas. Assim, recomendamos que as escolas tenham acesso a vários facilitadores muito bem treinados (professores, administradores ou membros da comunidade) a quem possam recorrer no caso de círculos para incidentes sérios e graves.

RESUMO

A reparação de danos e a transformação de conflitos são partes importantes da JRE. Quando priorizamos relacionamentos saudáveis e a dignidade de cada pessoa, já temos meio caminho andado para estabelecer uma cultura restaurativa na escola.

PARTE 3

CRESCIMENTO SUSTENTÁVEL

A justiça restaurativa na educação (JRE) tem imenso potencial de ancorar a sociedade em crenças e valores que criam bem-estar. Ao concluir este livro, queremos deixar para o leitor muitas sugestões e recursos que podem ajudá-lo a nutrir um forte sistema de raízes e um crescimento saudável. O Capítulo 7 oferece uma lista de sugestões para iniciar um trabalho sustentável de JRE. Dois apêndices oferecem recursos e referência que o assistirão na busca por mais conhecimentos. Esses conhecimentos, apreendidos em anos de trabalho por toda a América do Norte, são apenas o começo. Estamos entusiasmadas ao antever o crescimento que acontecerá nas próximas décadas.

7

A HISTÓRIA DE DUAS ESCOLAS: REFLEXÕES SOBRE SUSTENTABILIDADE

> Neste capítulo apresentaremos dois estudos de caso sobre escolas que implementaram a JRE. Um deles pode ser visto como bem-sucedido, o outro não. Ao ler a história dessas duas escolas, anote as diferenças que observa entre suas abordagens para implementar a JRE.

A Eastpoint Community School desenvolveu um plano de cinco anos para integrar a JRE à cultura escolar. O plano incluía desenvolvimento profissional continuado; liderança estudantil; foco no desenvolvimento de habilidades; conhecimentos aprofundados e um ambiente restaurativo. Ao fim dos cinco anos, novos sistemas de apoio a alunos e funcionários tinham sido implementados:

- Alunos, professores, administradores, famílias e comunidades estavam vivenciando melhores relacionamentos na escola;
- As políticas de JRE tinham sido desenvolvidas;
- Os índices de suspensões tinham caído 45%;
- O índice de alunos formados cresceu 30%;

- A municipalidade solicitou que representantes da Eastpoint começassem a trabalhar junto a outras escolas a fim de implementar a metodologia em todas as escolas do município.

A Sprucedale Regional School também desenvolveu um plano de implementação de cinco anos. O plano previa um treinamento inicial para todos os funcionários, com treinamentos adicionais para funcionários novos a cada ano. As práticas de JR foram adicionadas ao código disciplinar da escola e os professores foram estimulados a incluir processos circulares para construir um senso comunitário em sala de aula. Depois de cinco anos, os resultados foram:

- A maior parte dos professores parou de usar os processos circulares, alegando que tomavam muito tempo e que não eram eficazes na construção de senso comunitário;
- Os índices de suspensão tinham diminuído, mas os professores expressavam frustração, pois não acontecia nada com os alunos que eram mandados para a diretoria;
- Havia um consenso geral entre alunos, professores, administradores, famílias e comunidades de que a JRE em Sprucedale não estava funcionando.

Qual a diferença entre as duas escolas? Muitos fatores influenciaram esses dois resultados tão distintos. A principal diferença entre a Eastpoint e a Sprucedale foi a profundidade da compreensão da JRE. Isto fica evidente na forma como a Eastpoint:

- Viu a JRE como abordagem holística para a cultura escolar em vez de um simples sistema disciplinar;
- Integrou teoria e prática, e não se concentrou em simples desenvolvimento de habilidades;
- Aplicou a JRE a sistemas já existentes, em vez de implementá-la como um programa separado, adicionado;
- Ofereceu desenvolvimento profissional continuado, em vez de restrito a um treinamento pontual.

A justiça restaurativa na educação é uma abordagem ampla e abrangente que engloba o ensino como um todo. As mudanças que a JRE pode ocasionar não se limitam à redução dos índices de suspensão ou à melhora do comportamento dos alunos, ou mesmo a melhores resultados acadêmicos. Nossa esperança é a de que a cultura escolar se transforme a ponto de todos os membros da comunidade de aprendizado – alunos, professores, funcionários, administradores, pais e cuidadores – sentirem que pertencem e são parte do trabalho de educação. Desejamos escolas onde alunos e professores estejam envolvidos de modo ativo e entusiasmado no aprendizado, e onde todos (independentemente de raça, gênero, orientação sexual, etnia, religião, língua, habilidades ou série) sejam valorizados e tenham o que precisam para crescer e aprender. Tal transformação cultural só é possível quando a JRE é implementada num contexto onde as pessoas são respeitadas como valiosas e interconectadas.

Por termos trabalhado e aprendido em escolas por toda a América do Norte, pudemos ver o sucesso e o fracasso da JRE. Com base na nossa pesquisa, práticas, interações e conversações com essas escolas em todo o país, vimos escolas onde as mudanças ocorreram, mas onde o programa afundou quando um determinado defensor da JR se aposentou. Vimos escolas onde todo o sistema escolar foi treinado em práticas de justiça restaurativa, mas onde o treinamento continuado e o apoio não estavam disponíveis, e nesse caso os professores desanimaram e pararam de usar as práticas da JR. Em suma, para tornar nosso trabalho como educadores restaurativos algo sustentável, é preciso criar programas que assentem uma base forte com raízes amplas e profundas. Estendendo a analogia da planta com a qual começamos este livro, as árvores vistas na capa só podem embelezar paisagem porque têm raízes robustas que são, no mínimo, tão grandes quanto a copa acima da terra.

Esperamos que a JRE caminhe das margens para se tornar a prática predominante na educação, enfeitando a nossa paisagem. Nesse empenho, oferecemos as seguintes recomendações para aumentar a sustentabilidade da JRE:

- **Nunca se esqueça da semente e das raízes.** Volte sempre às crenças e valores essenciais através de atividades e ações. Separe momentos e períodos de tempo mais longos para descobrir criativamente como o ato de fomentar institucionalmente culturas relacionais permeia todos os aspectos do clima escolar. Nutra o sistema de raízes em cada estágio do desenvolvimento.
- **Comece lentamente e com confiança.** Convide as pessoas a se envolverem. As pessoas apoiam as mudanças em ritmos diferentes quando se sentem valorizadas e respeitadas e quando percebem que as crenças e os valores centrais se harmonizam com os seus. Embora o ideal seja uma implementação na escola como um todo, isso só acontecerá se os indivíduos enxergarem uma conexão consigo mesmos. Comece com membros da comunidade escolar que já estão convencidos e cresça

a partir desta base. Perceba que os modelos dominantes para a implementação de mudanças são hierárquicos e muitas vezes não servem de modelo para crenças e valores relacionais e restaurativos.
- **Seja um modelo constante e persistente.** Se você está apoiando a implementação da JRE, seja um modelo da ética, dos valores e dos princípios em tudo o que fizer. Se espera que os alunos tratem uns aos outros com respeito e dignidade, os adultos devem se tratar da mesma forma. Comece implementando um processo circular nas reuniões administrativas e em outros encontros de adultos. Iniciar vivenciando o círculo no ambiente adulto ajudará a implementar um ambiente relacional com os alunos.
- **Ofereça oportunidades de desenvolvimento profissional continuado com foco tanto em crenças e valores essenciais quanto em habilidades específicas.** Reconheça que o termo treinamento pode denotar uma experiência focada em habilidades e levar os educadores a concluir que a JRE é uma estratégia a mais para sua "caixa de ferramentas de gerenciamento da classe". Embora seja necessário adquirir habilidades, é preciso "apreender" o ambiente da JRE para promover verdadeira transformação. Por vezes esse desenvolvimento profissional pode ser oferecido internamente por colegas, alunos ou pais que estão envolvidos com a JRE. Outras vezes, especialistas externos ajudarão a dar um impulso adiante no processo de implementação.
- **Não faça isso sozinho.** Se você é defensor da JRE no seu contexto, organize uma equipe de implementação da JRE assim que possível. Pense em professores, pais, cuidadores, alunos, funcionários e membros da

comunidade que estão curiosos ou empenhados em explorar novas possibilidades com você. Tenha sempre gente "de dentro" (pessoas que conhecem bem o contexto da escola) e gente "de fora" (aqueles que conseguem ver o contexto a partir de outro ângulo).
- **Aja intencionalmente**. Como equipe, comece por dedicar seis a doze meses para aprender justiça restaurativa. Estude, leia e participe de cursos de formação. Visite outros lugares onde a JRE já está funcionando bem e aprenda com essas experiências. Faça um plano detalhado. Não se esqueça de analisar a visão e a missão atuais da escola, pois em geral estas já utilizam a linguagem do bem-estar. Demonstre como a JRE pode apoiar as iniciativas já existentes. Monitore e avalie o plano para garantir que está no caminho certo. À medida que cresce, examine as políticas atuais procurando pontos que possam estar prejudicando a JRE (e.g.: a maioria dos códigos disciplinares tem uma lista de castigos que desrespeitam a restauração). Não se esqueça de praticar processos relacionais, restaurativos, nas reuniões.
- **Comece com os recursos que você já tem**. O que existe na sua escola que já reflete as crenças e valores da JRE? Celebre esses recursos e comece a expandir a partir deles. Identifique as coisas que contradizem a JRE. Como usar os recursos que você tem para mudar isso?
- **Lembre-se do poder da liderança jovem**. Envolva as crianças e os jovens assim que possível. Quando eles têm oportunidades e apoio para assumir papéis de liderança, mostram grande potencial de aprofundar e fortalecer a cultura da escola. Veja a página 122 para conhecer escolas onde a liderança eficaz dos jovens foi priorizada.

Uma palavrinha sobre recursos: Utilize os recursos financeiros disponíveis para ter, em tempo integral, coordenadores de JRE que possam oferecer desenvolvimento profissional interno e facilitar círculos para danos e conflitos graves. Contudo, se não houver dinheiro suficiente, reconfigure as funções atuais para que os funcionários possam oferecer liderança e consistência ao longo do processo. Os recursos financeiros não devem determinar o grau de aderência aos valores e princípios da JRE – não se trata de somar mais um programa, mas gradativamente mudar o que já se tem. Será benéfico se as pessoas envolvidas em determinadas áreas da escola (*e.g.*: programas curriculares, vida estudantil, orientação, disciplina etc.) sejam incluídas desde cedo para que possam iniciar uma transformação da escola como um todo. Independentemente da disponibilidade de recursos, o plano deve sempre incluir a criação de uma equipe básica forte, que se manterá intacta ao longo do tempo e das mudanças (*e.g.*: quando os administradores apoiadores ou os professores líderes forem embora).

A justiça restaurativa na educação não é um programa; é uma estrutura. Onze anos depois do lançamento do livro de Lorraine Stutzman Amstutz e Judy Mullet, *Disciplina Restaurativa para Escolas,* amplificamos e fortalecemos o que aquela obra propôs – que a justiça restaurativa é uma filosofia:

> Não estamos propondo uma abordagem de fabricação em série para a disciplina restaurativa; sugerir tal coisa seria simplificar em demasia uma situação comunitária complexa e diversificada. Ao contrário, a abordagem restaurativa é uma filosofia ou estrutura que pode nos guiar à medida que criamos programas e tomamos decisões dentro de nosso ambiente específico.

Aquilo que se desenvolverá no seu ambiente será algo único. Aquilo que terá em comum com outros que estão implementando uma cultura de justiça restaurativa é o sistema de raízes – a crença comum e a compreensão da humanidade como valiosa e interconectada. O que oferecemos neste livro é uma exploração cuidadosa dessas raízes, para que você possa fortalecer o crescimento da JRE aí onde está.

Recursos

Os recursos mencionados a seguir são recomendados para a implementação da JRE de modo sustentável. A lista não é exaustiva, mas oferecerá as bases para iniciar.

Livros

Boyes-Watson, C.; K. Pranis. 2015. *Circle forward*. St. Paul, MN: Living Justice Press.

_____. 2010. *Heart of hope*. St. Paul, MN: Living Justice Press.

Claassen, R.; R. Claassen. 2008. *Discipline that restores*. South Carolina: BookSurge Publishing.

_____. 2015. *Making things right: Activities that teach restorative justice, conflict resolution, mediation, and discipline that restores*. North Charleston, SC: BookSurge Publishing.

Hendry, R. 2009. *Building and restoring respectful relationships in schools: A guide to using restorative practice*. Abingdon, UK: Routledge.

Holtham, J. 2009. *Taking Restorative Justice to Schools: A Doorway to Discipline*. Del Hayes Press.

Hopkins, B. 2004. *Just schools: A whole school approach to restorative justice*. London: Jessica Kingsley Publishers.

_____. 2011. *The restorative classroom: Using restorative approaches to foster effective learning*. London: Optimus Education.

Karp, D. 2013. *The little book of restorative justice for colleges and universities*. Intercourse, PA: Good Books.

Morrison, B. 2007. *Restoring safe school communities: A whole school response to bullying, violence and alienation.* Sydney, Australia: The Federation Press.

Pranis, K. 2005. *Processos circulares de construção de paz.* São Paulo: Palas Athena Editora, 2010.

Pranis, K.; B. Stuart; M. Wedge. 2003. *Peacemaking circles: From crime to community.* St. Paul, MN: Living Justice Press.

Riestenberg, N. 2012. *Circle in the square: Building community and repairing harm in school.* St. Paul, MN: Living Justice Press.

Sellman, E.; H. Cremin; G. McCluskey. 2013. *Restorative approaches to conflict in schools: Interdisciplinary perspectives on whole school approaches to conflict in schools: Interdisciplinary perspectives on whole school approaches to managing relationships.* Abingdon, UK: Routledge.

Stutzman Amstutz, L.; J. H. Mullet. 2005. *Disciplina restaurativa para escolas.* São Paulo: Palas Athena Editora, 2012.

Thorsborne, M.; P. Blood. 2013. *Implementing restorative practice in schools: A practical guide to transforming school communities.* London: Jessica Kingsley Publishers.

Wadhwa, Anita. 2015. *Restorative Justice in Urban Schools: Disrupting the School-to-Prison Pipeline.* London: Routledge Press.

Yoder, C. 2007. *A cura do trauma.* São Paulo: Palas Athena Editora, 2018.

Zehr, H. 1990. *Trocando as lentes.* São Paulo: Palas Athena Editora, 2008; 2018 (edição de 25º aniversário, ampliada e revisada).

_____. 2002. *Justiça restaurativa.* São Paulo: Palas Athena Editora, 2012, edição ampliada e revisada em 2017.

_____ . 2002. *Journey to belonging, in Restorative justice: Theoretical foundations,* eds. E. G. M Weitekamp and H. J. Kerner, 23-25. Cullompton, UK: Willan Publishing.

Organizações e *Websites*

Adverse Childhood Experiences: http://www.cdc.gov/violence-prevention/acestudy/index.html

Center for Restorative Justice (Suffolk University): http://www.suffolk.edu/college/centers/14521.php

Center for Restorative Justice and Peacebuilding (University of Minnesota): http://www.cehd.umn.edu/ssw/RJP/default.asp

Center for Restorative Process: http://www.centerforrestorativeprocess.com

Community Justice for Youth Institute (Chicago): http://cjyiorg.publishpath.com/cjyi-services

Discipline That Restores (Fresno Pacific University): http://disciplinethatrestores.org

Fix School Discipline: http://www.fixschooldiscipline.org

Institute for Restorative Justice and Restorative Dialogue (University of Texas): http://www.utexas.edu/research/cswr/rji/index.html

Minnesota Department of Education Restorative Practices: https://education.mn.gov/MDE/index.html

Project on Restorative Justice (Skidmore College): http://www.skidmore.edu/campusrj

Relationships First: Restorative Justice in Education: http://relationshipsfirstnl.com

Restorative Circles: http://www.restorativecircles.org

Restorative Justice International (Fresno Pacific University): http://www.restorativejusticeinternational.com/

Restorative Justice for Oakland Youth (RJOY): http://rjoyoakland.org

Restorative Justice Online: http://www.restorativejustice.org

Restorative Works Learning Network: http://restorativeworks.net

Safer Saner Schools: http://www.safersanerschools.org

Zehr Institute of Restorative Justice (Eastern Mennonite University): https://emu.edu/now/restorative-justice

Desenvolvimento Profissional e/ou Formação
Muitos dos *websites* listados acima oferecem vídeos e informações sobre formação. Além disso, há oportunidades de cursos mais formais:

O Center for Justice and Peacebuilding da Eastern Mennonite University oferece um mestrado e também um certificado de curso de 18 horas em justiça restaurativa. Oferece também vários *webinars, workshops* e cursos de férias: http://www.emu.edu/cjp/grad/restorative-justice

A Eastern Mennonite University Master's of Education Department oferece um curso com ênfase em justiça restaurativa na educação, bem como graduação de 15 horas em justiça restaurativa na educação: http://www.emu.edu/maed

O International Institute for Restorative Practices (IIRP) oferece graduação em práticas restaurativas e também cursos de educação continuada para desenvolvimento profissional: http://www.iirp.edu

A Simon Fraser University oferece dois programas de justiça restaurativa com certificação – um básico e um com foco em educação: https://www.sfu.ca/continuing-studies/courses/crj/restorative-justice-in-educational-settings.html

Organizações nacionais, estaduais, municipais e regionais
Central Virginia Restorative Justice: http://restorativejusticeontherise.org/resources/central-virginia-restorative-justice/
Colorado Restorative Justice: http://www.rjcolorado.org
Community Justice Initiatives: Educating for Peacebuilding: http://www.cjibc.org/peacebuilding_program
International Institute for Restorative Practices: http://www.iirp.edu

National Association for Community and Restorative Justice:http://www.nacrj.org
Restorative Justice Institute of Maine: http://www.rjimaine.org
Restorative Justice Project of the Midcoast: http://www.rjpmidcoast.org
St. Croix Valley Restorative Justice: http://www.scvrjp.org
The Restorative Way: http://www.therestorativeway.org

Programas de JRE em Escolas

Baltimore City Schools Conflict Resolution Programs: http://www.communityconferencing.org
Baltimore Curriculum Project: http://baltimorecp.blogspot.com/2012/01/bcp-and-restorative-practices-transform.html
California Conference for Equality and Justice: http://www.cacej.org/cause/rjis/
Denver Public Schools Foundation: https://dpsfoundation.org/2016/01/06/denver-foundation-challenges-students-on--restorative-justice-issues/
Fairfax County (VA) Public Schools RJ Program: https://www.fcps.edu/resources/student-safety-wellness/restorative-justice
Minnesota Department of Education: http://www.education.state.mn.us/MDE
Oakland (CA) Unified School District RJ Program: http://www.ousd.k12.ca.us/restorativejustice
San Francisco United School District: http://www.sfusd.edu/en/about-sfusd/strategic-plans-and-projects/2408.html

Notas

Prefácio

1. **Desproporcionalidade** se refere à presença inflacionada de alguns grupos de alunos dentro dos sistemas disciplinares da escola que leva a maiores índices de suspensão e expulsão e contribui para o que foi chamado de "linha direta escola-prisão", fenômeno que mostra que os alunos com maiores índices de suspensão têm maior probabilidade de acabar encarcerados.

2. Gregory, A.; K. Clawson; A. Davis; J. Gerewitz. 2014. "The promise of restorative practices to transform teacher-student relationships and achieve equity in school discipline". *Journal of Educational and Psychological Consultation* 25: 1-29.

3. Skiba, R. J.; M. I. Arredondo; M. K. Rausch. 2014. "New and developing research on disparities in discipline". *Discipline Disparities Series*. Bloomington, In: The Equity Project at Indiana University. Morgan, E.; N. Saloman; M. Plotkin; R. Cohen. 2014. *School Discipline Consensus Report*. New York: Council of State Governments Justice Center. Vaandering, D. 2011. "A faithful compass: Rethinking the term restorative justice to find clarity". *Contemporary Justice Review* 14(3): 307-28.

Capítulo 1

1. Esta definição ampla de justiça remonta às tradições espirituais indígenas (ancestrais e contemporâneas), em especial à sua compreensão abrangente da conexão circular e da justiça como "o bom caminho", bem como aos conceitos de *shalom* e aliança da tradição judaico-cristã. Veja o Capítulo 4. Bianchi, H. 1994. *Justice as sanctuary*. Bloomington, IN: Indiana University Press. Hadley, M. 2001. *The spiritual roots of restorative justice*. Albany, NY: SUNY Press. McCaslin, W. 2005. *Justice as healing: Indigenous ways: Writings on community peacemaking and restorative justice from the Native Law Centre*. St. Paul, MN: Living Justice Press. Pranis, K.; B. Stuart; M. Wedge. 2003. *Peacemaking circles: From crime to community*. St. Paul, MN: Living Justice Press. Ross, R. 1996. *Returning to the teachings*. Toronto: Penguin. Wolterstorff, N. 2008. *Justice: Rights and wrongs*. Princeton, NJ: Princeton University Press. Zehr, H. 2005. *Trocando as lentes*. São Paulo: Palas Athena Editora, 2008 e 2018 (edição de 25º aniversário, ampliada e revisada).

2. Pranis, K. 2012. *Processos circulares de construção de paz*, p. 39 São Paulo: Palas Athena Editora.

Todos os livros relacionados à justiça restaurativa dessa série identificam de vários modos os fundamentos filosóficos da justiça restaurativa. Este parece realçar a importância desta filosofia.

3. Os recentes movimentos de reforma da educação, especialmente nos Estados Unidos, colocam muita pressão nas escolas para melhorarem as notas em provas, muitas vezes com sérias consequências se deixarem de fazê-lo. Muitas vezes as decisões curriculares são tomadas visando o resultado em provas, em vez da preocupação com os alunos, e isso cria um programa estreito basicamente voltado aos exames. Esse uso excessivo de testes é um modo de medir e avaliar alunos e professores, bem

como escolas e municípios, e nos desvia da pedagogia relacional advogada pela justiça restaurativa. Para saber mais sobre testes e exames, veja: Robinson, Ken. 2010. "Changing education paradigms", http://www.ted.com/talks/ken_robinson_changing_education_paradigms

4. Morrison, B. 2010. From social control to social engagement: Enabling the "time and space" to talk through restorative justice and responsive regulation. In *Contemporary Issues in Criminology Theory and Research*, eds. R. Rosenfeld, K. Quinet e C. Garcia, 97-106. Belmont, CA: Wadsworth Cengage Learning.

Capítulo 2

1. Para informações sobre as raízes indígenas e espirituais da justiça restaurativa e construção da paz, sugerimos: Hadley, M. 2001. *The spiritual roots of restorative justice*. Albany, NY: SUNY Press. McCaslin, W. (Ed.) 2005. *Justice as healing: Indigenous ways*. St. Paul, MN: Living Justice Press. Pranis, K.; B. Stuart; M. Wedge. 2003. *Peacemaking circles: From crime to community*. St. Paul, MN: Living Justice Press. Ross, R. 1996. *Returning to the teachings*. Toronto: Penguin.

2. Para informações sobre o histórico das VORP e VOC, veja: Sullivan, D.; L. Tifft. 2006. *Handbook of restorative justice: A global perspective*. Milton Park, UK: Routledge.

3. Skiba, R. J. 2000. *Zero tolerance, zero evidence: An analysis of school disciplinary practice*. Bloomington, IN: Indiana Education Policy Center.

4. Anderson, C. L. 2004. Double jeopardy: "The modern dilemma for juvenile justice". *University of Pennsylvania Law Review* 152(3): 1181-1219.

5. CBC. April 13, 2007. Ontario agrees to end zero-tolerance school policy. http://www.cbc.ca/news/canada/toronto/ontario-agrees-to-end-zero-tolerance-school-policy-1.671464

6. American Psychological Association. 2008. "Are zero tolerance policies effective in the schools? An evidentiary review and recommendations". American Psychologist 63(9): 852-62.

7. U.S. Department of Education, Office for Civil Rights. October 26, 2010. Dear colleague letter: Harassment and bullying. http://www2.ed.gov/about/offices/ list/ocr/letters/colleague-201010.html

8. Morrison, B.; D. Vaandering. 2012. "Restorative justice: Pedagogy, praxis, and discipline". Journal of School Violence 11(2).

9. https://education.waikato.ac.nz/resources-for-schools

10. https://emu.edu/maed/restorative-justice

11. http://www.sfu.ca/continuing-studies/programs-and-courses/area-of-study/community-building/restorative-justice.html

Capítulo 3

1. Zehr, H. 1990. *Trocando as lentes*. São Paulo: Palas Athena Editora, 2008; 2018 (edição de 25º aniversário, ampliada e revisada).

2. Pajares, M. F. 1992. "Teachers' beliefs and educational research: Cleaning up a messy construct". *Review of Educational Research* 62(3): 307-32. Willard, D. 1999. *Spiritual formation meets the gospel*. Vancouver: Regent College Lectures.

3. Esta discussão sobre o neoliberalismo ocidental e a JR está bem explicada em: Llewellyn, K.; J. Llewellyn. 2015. "A restorative approach to learning: Relational theory as feminist pedagogy in universities", in: *Feminist Pedagogy in Higher Education: Critical Theory and Practice*, Eds. T. Light; J. Nicholas; R. Bondy. 11-32. Waterloo, IA: Wilfrid Laurier University Press.

4. Boyes-Watson, C.; K. Pranis. 2015. *Circle forward*. St. Paul, MN: Living Justice Press. Pranis, K. 2010. *Processos circulares de construção de paz*. São Paulo: Palas Athena Editora. Ambas baseiam seu trabalho com processos circulares numa expressão clara dessas crenças, que são explicitadas através de sete pressupostos básicos.

5. Esses três valores essenciais para os relacionamentos foram identificados em: Llewellyn, J. 2012. "Restorative justice: Thinking relationally about justice", in: *Being relational*, Eds. J. Downie; J. Llewellyn. Vancouver: UBC Press.

6. Para mais detalhes veja: Vaandering, D. 2011. "A faithful compass: Rethinking the term restorative justice to find clarity". *Contemporary Justice Review* 14(3): 307-28. Haveria outras perguntas a fazer para promover uma reflexão crítica sobre si: Sou focado em necessidades ou em punições? Estou vendo esta pessoa como independente ou como relacional? Estou respeitando esta pessoa como sendo incondicionalmente valiosa? Estou criando condições para que aflore o valor desta pessoa? As três perguntas escolhidas para este livro foram sugeridas como forma de ressaltar o modo como crenças pessoais básicas se alinham com as crenças fundamentais da JRE. Elas também mantêm o foco na responsabilidade pessoal perante os outros.

7. Morrison, B.; D. Vaandering. 2012. "Restorative justice: Pedagogy, praxis, and discipline". *Journal of School Violence* 11(2): 138-55.

Capítulo 4

1. Para uma discussão em profundidade sobre os conceitos de *shalom* e *sedeqah*, veja: Marshall, C. 2005. *Little Book of Biblical Justice*. Intercourse, PA: Good Books.

2. Akrami, Amir. 2016. Yale Divinity School, correspondência pessoal.

3. Yazzie, R. "Life comes from it": Navajo justice concepts. https://www.amizade.org/wp-content/uploads/2011/07/LifeComesFromIt.doc

4. Elliott, E. 2011. "The geometry of individuals and relationships", in: *Security with care*, 139. Blackpoint, NS: Fernwood Publishers.

5. Franklin, U.; M. Swenarchuk. 2006. *The Ursula Franklin reader*. Toronto: Between the Lines.

6. Boyes-Watson, C.; K. Pranis. 2015. *Circle forward*, 139. St. Paul, MN: Living Justice Press.

7. American Psychological Association. 2008. "Are zero tolerance policies effective in the schools? An evidentiary review and recommendations". *American Psychologist* 63(9): 852-62. Embora tenhamos focado o aluno neste exemplo, é importante considerar o dano vivenciado por educadores que repetidamente são instados a obedecer a regulamentos como a política de tolerância zero, que violam sua própria consciência.

8. Quarenta anos de dados estatísticos dão evidência dessa desproporcionalidade. Veja, por exemplo: Fenning, P.; J. Rose. 2007. "Over representation of African American students in exclusionary discipline: The role of school policy". *Urban Education* 42(6): 536-59. Gregory, A.; R. J. Skiba; P. A. Noguera. 2010. "The achievement gap and the discipline gap: Two sides of the same coin?". *Educational Researcher* 39(1): 59-68. U.S. Department of Education, Office for Civil Rights. October 26, 2010. Dear colleague letter: Harassment and bullying. http://www2.ed.gov/about/offices/list/ocr/letters/colleague-201010.html

9. A diretriz Standard VI diz: "Os candidatos demonstram saber como as teorias e as pesquisas sobre justiça social, diversidade, equidade, identidade dos estudantes e escolas como instituições podem aprimorar as oportunidades dos alunos de aprender inglês e literatura". Em www.ncte.org.

10. Sullivan, D.; L. Tifft. 2001. *Restorative justice: Healing the foundations of our everyday lives*, 167. Monsey, NY: Willow Tree Press.

11. Para mais informações sobre como atender às necessidades dos alunos nas escolas, veja: Deci, E. L.; R. M. Ryan. 1991. "A motivational approach to self: Integration in personality". *Perspectives on motivation*. Lincoln, NE: University of Nebraska Press.

12. Glasser, W. 1985. "Discipline has never been the problem and isn't the problem now". *Theory into Practice*. 24(4): 241-46.

13. Zehr, H. 2002. "Journey to belonging", in *Restorative justice: Theoretical foundations*, Eds. E. G. M. Weitekamp; H. J. Kerner, 23-25. Cullompton, UK: Willan Publishing.

14. Freire, P. 1970. *Pedagogia do Oprimido*. Rio de Janeiro: Paz e Terra, 2012.

15. Vygotsky, L. S. 1986. *Thought and language*, 39. Cambridge, MA: MIT Press.

16. Veja mais sobre diversidade em: Tomlinson, C. A. 2014. *The differentiated classroom: Responding to the needs of all learners*. Alexandria, VA: ASCD.

17. Para mais informações veja: Ladson-Billings, G. 1990. "Culturally relevant teaching: Effective instruction for black students". *The College Board Review* 7(15): 20-25. Ladson-Billings, G. 1995. "Toward a theory of culturally relevant pedagogy". *American Educational Research Journal* 32(3): 465-91.

18. Esse fenômeno, chamado em inglês de "whitewashing" [branqueamento] é a prática de olhar a diversidade através das lentes da maioria, sem considerar o ponto de vista daqueles que diariamente vivenciam a discriminação. Se realmente desejamos evitar isso, é preciso criar mais espaços para os jovens marginalizados partilharem seus pontos de vista. Mais informações sobre como integrar a diversidade no programa escolar podem ser encontradas em: Gorski, P.; Swalwell, K. 2015. "Equity literacy for all". *Educational Leadership* 72(6): 34-40.

19. Veja, por exemplo: U.S. Department of Education, Office for Civil Rights. October 26, 2010. Dear colleague letter: Harassment and bullying. Publicado em: http://www2.ed.gov/about/offices/list/ocr/letters/colleague-201010.html

20. As obras de Paulo Freire e de bell hooks [pseudônimo de Gloria Jean Waktins] criam uma estrutura para compreender a JRE de forma mais ampla, tanto conceitualmente como na compreensão da humanização um do outro. Veja também: Vaandering,

D. 2010. "The significance of critical theory for restorative justice in education". *The Review of Education, Pedagogy, and Cultural Studies* 32(2):145-76. Nesse artigo, Vaandering fala longamente sobre o currículo oculto que surge quando os professores não estão conscientes de seus preconceitos implícitos.

21. Ladson-Billings, G. 1995. "Toward a theory of culturally relevant pedagogy". *American Educational Research Journal* 32(3): 465-91.

22. http://www.schooltalkdc.org

23. http://specialedcoop.org/coop

24. Veja também o programa I'm Determined patrocinado pelo Virginia Department of Education: www.imdetermined.org

Capítulo 5

1. Clinton, J. 2013. *The power of adult child relationships: Connection is the key.* Ontario: Queen's Printer for Ontario.

2. Boyes-Watson, C.; K. Pranis. 2015. *Circle forward*, 17-19. St. Paul, MN: Living Justice Press. Esta obra oferece uma explicação similar, porém mais detalhada sobre o poder no contexto da JRE.

3. Esta matriz é uma variante em relação a várias outras. Veja, por exemplo: Vaandering, D. 2013. "A window on relationships: Reflecting critically on a current restorative justice theory". *Restorative Justice: An International Journal* 1(3): 311-33.

4. Elliott, E. 2011. "The geometry of individuals and relationships", in *Security with care*. Blackpoint, NS: Fernwood Publishers. Este conceito é a mola por trás do uso das perguntas reflexivas: Estou respeitando? Estou medindo? Que mensagem estou passando? Em todos os relacionamentos identificados na figura 5.1. Com cada onda descrita, reserve um momento para fazer estas perguntas a fim de avaliar criticamente seus relacionamentos e abrir possibilidades de mudança.

5. Vaandering, D. 2014. "Relational restorative justice pedagogy in educator professional development". *Curriculum Inquiry* 44:4. Veja também o vídeo descritivo desse conceito em: http://relationshipsfirstnl.com/videos

6. A figura 5.2 foi utilizada com permissão. Veja: Vaandering, D. 2014. "Relational restorative justice pedagogy in educator professional development. *Curriculum Inquiry* 44(4): 508-30.

7. Boyes-Watson, C.; K. Pranis. 2015. *Circle forward*, 23. St. Paul, MN: Living Justice Press.

Capítulo 6

1. Zehr, H. 1990. *Trocando as lentes*, p. 187-188 (1ª ed.), p. 207 (ed. 25º aniversário). São Paulo: Palas Athena Editora, 2005; 2018.

2. Casella, R. 2003. "Zero tolerance policy in schools: Rationale, consequences, and alternatives". *Teachers College Record* 105(5): 872-92.

3. American Psychological Association. 2008. "Are zero tolerance policies effective in the schools? An evidentiary review and recommendations". *American Psychologist* 63(9): 852-62.

4. O estudo examina dez questões relacionadas a experiências na infância que potencialmente têm impacto negativo na saúde emocional. Uma pessoa com nota alta nessa escala teve várias experiências adversas na infância. Veja mais informações em: https://www.cdc.gov/violenceprevention/acestudy/index.html

5. Yoder, C. 2007. *A cura do trauma*. São Paulo: Palas Athena Editora, 2018.

6. Yehuda, R.; N. P. Daskalakis; L. M. Bierer et al. 2015. "Holocaust exposure induced intergenerational effects on FKBP5 methylation". *Biological Psychiatry* [publicação online]. http://www.biologicalpsychiatryjournal.com/article/S0006-3223(15)00652-6/abstract

7. Para mais informações sobre Walla Walla, considere a possibilidade de sediar uma exibição do documentário *Paper Tigers*. Mais informações em: http://www.papertigersmovie.com

8. Hicks, D. 2011. *Dignity: Its essential role in resolving conflict*. New Haven, CT: Yale University Press.

9. Zehr, H. 2002. *Justiça restaurativa*. p. 49 (1ª ed.); p. 54 (2ª ed.). São Paulo: Palas Athena Editora. 2012; 2017.

10. Stutzman Amstutz, L.; J. H. Mullet. 2012. *Disciplina restaurativa para escolas*, p. 34. São Paulo: Palas Athena Editora. 2012.

11. Sullivan, D.; L. Tifft. 2001. *Restorative justice: Healing the foundations of our everyday lives*. Monsey, NY: Willow Tree Press.

12. Dewey, J. 1922. *Human nature and conduct: An introduction to social psychology*. New York: Holt.

13. Kohl, H. 1995. *I won't learn from you*. New York: New Press.

14. Breton, D. 2012. "Decolonizing restorative justice". *Tikkun*, Winter 2012: 45-47.

15. Marcucci, O. February 2016. "The role of teacher buy-in in a restorative justice in a predominantly black school". Trabalho apresentado no Ethnography in Education Forum, Philadelphia, PA.

Sobre as autoras

Katherine Evans é professora-assistente de Educação na Eastern Mennonite University (EMU), no estado de Virgínia, Estados Unidos. Ela contribuiu com a criação do programa de graduação em Justiça Restaurativa da EMU, que oferece apoio a educadores para criarem oportunidades educacionais mais justas e equitativas, inclusive para os que são marginalizados em virtude de raça, etnia, renda, habilidades, linguagem, orientação sexual e gênero.

Dorothy Vaandering é professora da Faculdade de Educação da Memorial University, em Terra Nova e Labrador, Canadá. Depois de uma longa carreira como professora primária, hoje pesquisa a implementação e a sustentabilidade da justiça restaurativa na educação. Trabalha apaixonadamente para integrar a filosofia da justiça restaurativa à teoria e à prática em sua função atual de pesquisadora e formadora de professores.

OBRAS DA PALAS ATHENA EDITORA COMPLEMENTARES À TEMÁTICA ABORDADA NESTE LIVRO

Cura do trauma – quando a violência ataca e a segurança comunitária é ameaçada
Carolyn Yoder

O trauma como um chamado para a mudança e a transformação – o principal desafio deste livro – é sobre o potencial que eventos e momentos traumáticos possuem de despertar o melhor do espírito humano e, certamente, da família global. Porém isso não é um processo automático, demanda conhecimento da nossa própria história e a de nossos opositores, buscar as raízes dos problemas enfatizando a segurança humana – como trabalhar em direção a ela nestes tempos turbulentos na medida em que, juntos, exploramos, observamos, escutamos, imaginamos, oramos, experimentamos e aprendemos. No âmago disso tudo está o esforço espiritual da mais profunda sorte, trazendo à tona nada menos do que os mais nobres ideais e a fé, a esperança e a resiliência do espírito humano.

Justiça restaurativa
Howard Zehr

A Justiça Restaurativa firmou-se nas últimas décadas como prática inovadora. Vê o crime como violação de pessoas e suas relações humanas, que acarretam a obrigação de reparar os danos e males que afetam não apenas vítima, ofensor e seus grupos de pertença, mas toda a sociedade – pois com o rompimento do tecido social, o enfraquecimento dos laços comunitários engendra as violações futuras. Do mesmo autor de *Trocando as lentes – justiça restaurativa para o nosso tempo*.

Processos circulares de construção de paz
Kay Pranis

Experiências bem-sucedidas, que combinam tradições humanas ancestrais com modos inovadores de transformar conflitos e criar acordos com base nas necessidades dos envolvidos – frutos da escuta qualificada e empoderamento – tornaram-se extraordinários instrumentos de mudança na percepção das diferentes maneiras de reagir nas situações, aumentando o senso de interdependência e humanidade partilhada, evitando mal-entendidos e a escalada de conflitos.

Transformação de conflitos
John Paul Lederach

Esta obra descortina as possibilidades da transformação de conflitos que vão além da resolução de uma situação pontual ou o mero gerenciamento para evitar seus efeitos indesejados. Pontua a necessidade de lidar com a crise imediata, mas também de encaminhar uma solução de longo prazo adotando as práticas que viabilizam as oportunidades de mudança. Veja também, do mesmo autor: *A imaginação moral – arte e alma da construção da paz*.

Disciplina restaurativa para escolas
Lorraine Stutzman Amstutz e Judy H. Mullet

De onde nos veio a noção de que o sofrimento corrige o mau comportamento? Como resolver problemas disciplinares de modo a fortalecer a comunidade escolar e os laços de coleguismo e cuidado mútuo? Estas e outras questões são abordadas nesta obra de grande aplicação prática e clareza conceitual. O universo da escola dos nossos dias sofre a pressão de violências estruturais manifestadas nos mais diversos sintomas: *bullying* ou assédio moral escolar, baixo rendimento acadêmico, absentismo, vandalismo e conflitos de toda ordem. É nesse contexto que as autoras nos oferecem o arcabouço conceitual da Justiça Restaurativa e as experiências bem-sucedidas das Escolas Pacificadoras e outras metodologias aplicadas em várias partes do mundo.

Para outras obras correlatas, consulte
http://www.palasathena.org.br/editora.php